守 望 经 典  学 问 弥 新

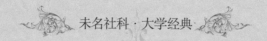

现实的社会建构
知识社会学论纲

The Social Construction of Reality
A Treatise in the Sociology of Knowledge

〔美〕彼得·L. 伯格（Peter L. Berger）著
〔美〕托马斯·卢克曼（Thomas Luckmann）

吴肃然 译

北京大学出版社
PEKING UNIVERSITY PRESS

著作权合同登记号　图字：01-2015-5529
图书在版编目（CIP）数据

现实的社会建构：知识社会学论纲/(美)彼得·L.伯格(Peter L. Berger)，(美)托马斯·卢克曼(Thomas Luckmann)著；吴肃然译．—北京：北京大学出版社，2019.3

（未名社科·大学经典）

ISBN 978-7-301-30207-1

Ⅰ.①现… Ⅱ.①彼…②托…③吴… Ⅲ.①知识社会学 Ⅳ.①C912.67

中国版本图书馆 CIP 数据核字(2019)第 002134 号

The Social Construction of Reality: A Treatise in the Sociology of Knowledge
Copyright © 1966 by Peter L. Berger and Thomas Luckmann
Simplified Chinese translation copyright © 2019 by Peking University Press
This translation published by arrangement with Doubleday, an imprint of The Knopf Doubleday Group, a division of Penguin Random House, LLC.
All Rights Reserved

书　　　名	现实的社会建构：知识社会学论纲 XIANSHI DE SHEHUI JIANGOU：ZHISHI SHEHUIXUE LUNGANG
著作责任者	〔美〕彼得·L.伯格(Peter L. Berger)　〔美〕托马斯·卢克曼(Thomas Luckmann)　著　吴肃然　译
责任编辑	周丽锦
标准书号	ISBN 978-7-301-30207-1
出版发行	北京大学出版社
地　　　址	北京市海淀区成府路 205 号　100871
网　　　址	http://www.pup.cn
新浪微博	@北京大学出版社　　@未名社科-北大图书
微信公众号	北京大学出版社　　北大出版社社科图书
电子邮箱	编辑部 ss@pup.cn　　总编室 zpup@pup.cn
电　　　话	邮购部 010-62752015　　发行部 010-62750672 编辑部 010-62765016
印　刷　者	北京汇林印务有限公司
经　销　者	新华书店
	890 毫米×1240 毫米　A5　9.375 印张　190 千字 2019 年 3 月第 1 版　2025 年 5 月第 10 次印刷
定　　　价	38.00 元

未经许可，不得以任何方式复制或抄袭本书之部分或全部内容。
版权所有，侵权必究
举报电话：010-62752024　电子邮箱：fd@pup.cn
图书如有印装质量问题，请与出版部联系，电话：010-62756370

彼得·L. 伯格
(Peter L. Berger, 1929—2017)

托马斯·卢克曼
(Thomas Luckmann, 1927—2016)

经典作家小传

彼得·L. 伯格（Peter L. Berger, 1929—2017）

当代美国著名社会学家、神学家，被誉为继韦伯之后最重要的宗教社会学家，曾任波士顿大学文化、宗教与世界事务研究所所长，荣休教授。

伯格出生于维也纳，9岁时随家人移居巴勒斯坦，17岁时又随父母移民美国。他先后就读于瓦格纳学院和纽约社会研究新学院，是著名学者阿尔弗雷德·舒茨的学生。

伯格一生兴趣广泛，著述颇丰，其作品既论证严谨，又风趣活泼，赢得了大量同行，特别是年轻学子的青睐。只要一窥《神圣的帷幕》《天使的传言》《牺牲的金字塔》和《与社会学同游》等引人入胜的书名，人们的阅读兴趣就会油然而生。

在众多著作中，为伯格赢得最高学术声誉的，是他与托马斯·卢克曼合著的《现实的社会建构：知识社会学论纲》。该书对20世纪70年代以来的西方社会科学产生了重大的影响，于1998年被国际社会学协会评为20世纪最有影响力的社会学百部著作第5名。

在当代社会学日益实证化和科学化的今天，伯格始终坚持一种人文主义的学科视角，主张打通社会学与哲学、宗教和文学等人文学科的边界。

托马斯·卢克曼（Thomas Luckmann，1927—2016）

德国康斯坦茨大学社会学荣休教授，斯洛文尼亚文理科学院院士，著有《无形的宗教》《生活世界的结构》（与阿尔弗雷德·舒茨合著）等作品。

卢克曼出生于现斯洛文尼亚的叶塞尼采市，第二次世界大战期间随母亲移居维也纳。在1945年二战即将结束时，正在服役的卢克曼被俘，但三个月后他得以逃脱。1950年，卢克曼随新婚妻子移民美国，随后在纽约社会研究新学院就读，并成为阿尔弗雷德·舒茨的学生。1970年，他担任德国康斯坦茨大学社会学教授，直至退休。

卢克曼的主要研究领域是现象学社会学、宗教社会学和知识社会学，他最有影响力的作品就是和彼得·伯格合著的《现实的社会建构：知识社会学论纲》。此外，卢克曼是舒茨现象学社会学的重要继承人，在舒茨去世后的二十多年里，卢克曼陆续整理出版了他的手稿，并牵头在德国建立了舒茨纪念档案馆（康斯坦茨社会科学档案馆），为现象学社会学的传承做出了重要贡献。

2002年，德国社会学会授予托马斯·卢克曼终身成就奖。

名师点评

经过半个世纪了,这本著作依旧是理论性极强的经典作品,值得阅读。

透过现象学家阿尔弗雷德·舒茨的概念,两位作者让马克斯·舍勒和卡尔·曼海姆所经营的知识社会学传统有了巨大的转折,"知识"回归到人们的日常生活世界被表述,显得更加贴近现实的生命情境。更值得注意的是,这本著作让原具德国风味的思想涂染上了美国实用主义与以塔尔科特·帕森斯为代表之主流社会学的色彩,深具反思性。译者文笔流畅、平实且中肯,可读性强。

——叶启政(台湾大学社会学系退休教授)

《现实的社会建构》是知识社会学的经典之作,也是社会建构论的扛鼎之作,更是社会学领域影响最大的著作之一。该书不仅将知识社会学的考察范围,从少数人关心的科学和理论知识,拓展到一般人在日常生活中用以指导行动的知识,而且以清澈、迷人的笔触,揭示了作为"客观现实"和"主观现实"的社会,到底是如何构成的,又具有怎样的特性。

细心品味，不难发现，该书融汇了现象学的洞察与人文主义的关怀。对于矫治社会学理论的退缩，该书至今仍有警示和启迪作用。

——成伯清（南京大学社会学院教授）

该书虽然被视为"知识社会学"的经典之作，但实际上讨论的是社会学理论领域最核心的一个问题，即社会现实与个体存在之间的关系问题。该书也被视为20世纪中后期以来西方"社会建构论"思潮的经典之作，但在我看来，"社会建构论"这个概念已经由于被泛滥使用而失去了其明确的内涵和外延，因而也不能准确地用来描述该书在理论取向上的特点。借用一个更为适当的概念来说，该书应被视为社会理论中"互构论"取向的开山之作。作者在书中所做的全部论述归根结底就是一句话：社会是人的产物，人是社会的产物，人和社会是相互建构的。这正是"互构论"的基本命题。因此，凡欲学习社会学理论、理解互构论者，都应当将本书作为必读之书。

——谢立中（北京大学社会学系教授）

在那些被奉为学术经典的作品中，《现实的社会建构》并非系统缜密的鸿篇巨制，但其影响自出版以来一直在持续增长。它将舒茨关于生活世界的现象学思想融入社会学的话语体系，使现象学社会学摆脱了现象学哲学的印记，成为"人文社会学派"的宣言式文献。它主张社会学理论与知识社会学的同一性,在考察日常生活世界这一首要的社会现实如何被建构起来的同时,阐释了日常知识在现实的社会建构过程中所起的作用。不仅如此,它对现实的社会建构逻辑的阐释,已被当代社会建构主义者奉为圭臬,深刻影响和改变了我们对贫困、教育、性别、越轨与犯罪、阶级或阶层、环境等新老社会问题的洞察方式。显然,无论是正在训练"批判性思维"的学子,还是致力于"理论创新"的学者,这本书都值得仔细品读。

——赵万里(南开大学周恩来政府管理学院社会学系教授)

目 录

前　言　/ 001

绪论：知识社会学问题　/ 001

第一章　日常知识的根基　/ 025

　　第一节　日常生活现实　/ 027

　　第二节　日常生活中的社会互动　/ 038

　　第三节　日常生活中的语言与知识　/ 045

第二章　作为客观现实的社会　/ 061

　　第一节　制度化　/ 063

　　第二节　正当化　/ 115

第三章　作为主观现实的社会　/ 159

　　第一节　现实的内化　/ 161

　　第二节　内化与社会结构　/ 202

　　第三节　关于认同的理论　/ 214

第四节 有机体与认同 / 222

结语：知识社会学与社会学理论 / 229

注 释 / 237

主题索引 / 261

人名索引 / 271

译后记 / 279

前　言

本书旨在构建一套自成体系的知识社会学理论，因此它既不讲述这门学科的发展历程，也不点评此领域或社会学理论发展过程中的各式人物，不会对这些人物和动向加以整合。本书同样无意论战。只有在为了阐明某些论点时，我们才会对其他理论立场做出批判性的评论（不在正文中，而在注释中）。

本书的核心论证位于第二章（"作为客观现实的社会"）和第三章（"作为主观现实的社会"）。第二章阐明了我们对知识社会学问题的基本理解，第三章则将其应用于个人的主观意识层面，由此搭建了一座通往社会心理学的理论桥梁。本书的第一章（"日常知识的根基"）是对日常生活现实的现象学分析，因此不妨将其视为服务于核心论点的哲学导言。只对社会学论证感兴趣的读者也许想跳过第一章，但要提醒的是，某些贯穿全书的关键概念都是在这一章先行界定的。

尽管我们的兴趣点并不在于知识社会学的历史，但仍有必要解释一下两个问题：我们所理解的知识社会学与主流观念有何不同？为什么会有这种不同？答案请见本书的绪论部分。另外，我们的工作会给社会学理论或某些经验研究带来什么"影响"（pay-off）呢？对于这个问题，我们在本书的最后也做了一些总结。

按照前面所说的论证逻辑，本书的写作便难免重复，于是就出现了以下现象：在第一章，我们以现象学的"加括号"的方法探讨了某些问题；这些问题在第二章又出现了，这时它们的现象学括号被移除，我们关心的是它们的经验起源（empirical genesis）；在第三章，我们转而在主观意识层面继续讨论这些问题。在不影响本书内在逻辑的前提下，我们已设法让它尽量易读。对于那些不可避免的重复，还希望读者能够理解。

伟大的伊斯兰神秘主义者伊本·阿拉比（Ibn al-'Arabi）曾在诗中呐喊："真主啊，请把我们从这名字的海洋中解救出来吧！"我们在阅读社会学理论时也常有此感叹，因此决定把这本书中的名字统统删掉，这样它读起来就像是我们自己观点的持续呈现，而不是屡屡出现"涂尔干这么说""韦伯那么说""这里我们赞同涂尔干而不赞同韦伯""我们认为在这一点上涂尔干被误解了"等不断插进来的句子。当然，我们的立场和观点也不是无中生有地蹦出来的，文中的引用处处可见，只不过我们把它们全部放到了注释当中；与此同时，当我们试图对书中所借鉴的他人观点表达不同看法（虽然都比较简短）时，我们也会把它们放到注释中。这使得本书的注释占据了不小的篇幅，看上去像是对某种学术仪式的盲从，然而它实际上表达了我们对于历史的忠实与尊重。总的来说，对于本书，我们还是希望读者更在乎我们自身观点的价值，而不是我们对他人的观点做了怎样的阐释或整合。

这本书的研究计划构思于奥地利西部阿尔卑斯山脚下（偶尔也包括山顶）的一些闲谈中，那还是1962年的夏天。初始的写作计划也早在1963年就制订出来了。按照当时的设想，另一位社会学家和两位哲学家也会加入我们的工作。但由于不同的个人原因，我们两人以外的其他参与者最终都退出了。不过，我们还是非常感谢汉斯弗莱德·凯尔纳（Hansfried Kellner）（现任教于法兰克福大学）和斯坦利·普尔伯格（Stanley Pullberg）（现任教于法国高等研究院）不断给出的批评意见。

读者将会在后文的阅读过程中多次看到，我们的理论在多么大的程度上受益于已故的阿尔弗雷德·舒茨（Alfred Schutz），这里需要感谢他的教学和写作对我们的思维方式的影响。卡尔·梅耶（Carl Mayer）（社会研究新学院研究生院）的教学极大地加深了我们对韦伯的理解，他的同事阿尔伯特·萨洛曼（Albert Saloman）对涂尔干及其学派的解读同样令我们受益良多。对卢克曼来讲，每当他回忆起自己在霍巴特学院（Hobart College）的联合教学期间以及另外一些场合中那些富有成果的交谈时，就会由衷地感激弗里德里希·滕布鲁克（Friedrich Tenbruck）（法兰克福大学）所提出的那些想法。伯格也要感谢库尔特·沃尔夫（Kurt Wolff）（布兰迪斯大学）和安东·齐德菲尔德（Anton Zijderveld）

（莱顿大学）在本书观点形成过程中一直给予的关注和批判。

我们这类研究通常还要感谢妻子、孩子以及其他一些更加令人疑惑的私人关系为研究所做的各种幕后贡献。如果要别出心裁的话，我们打算按照自己一直以来的想法，将此书献给福拉尔贝格州布兰德镇（Brand/Vorarlberg）的一位约德尔歌手。不过，我们仍想感谢布里吉特·伯格（Brigitte Berger）（亨特学院）和贝妮塔·卢克曼（Benita Luckmann）（弗莱堡大学）。这种感谢不是源于她们无关学术的私人角色，而是源于她们作为社会科学家所展现出的批判眼光以及她们对于低品位的拒斥。

彼得·L. 伯格

（社会研究新学院研究生院）

托马斯·卢克曼

（法兰克福大学）

绪论：知识社会学问题

经典名句

- 知识社会学的分析对象就是现实的社会建构。
- 与"思想"相比，常识性的"知识"才是知识社会学的焦点，正是这种"知识"构造出了所有社会赖以维系的意义之网。
- 我们对知识社会学的性质和范围的重新定义将把它从社会学理论的边缘移至中心……在这条研究道路上，我们紧紧跟随着的，恰恰是社会学领域最著名和最有影响力的两个"行军号"。

正如正副标题所暗示的,本书的基本观点是:现实是社会建构的,而这一建构过程正是知识社会学的分析对象。"现实"(reality)与"知识"(knowledge)是我们所使用的两个关键概念,它们不仅见于日常用语中,也长时间为哲学所关注,其语义复杂多样。基于本书的研究目的,我们并没有必要参与那些复杂的语义辨析,而只需给它们做出如下简明的界定:"现实"是某些现象的属性,这些现象都是独立于人、不以人的意志为转移的(我们不能凭主观愿望使其消失);"知识"则是一种确定性,它确证了某些现象是真的并且包含一些具体特征。根据这种定义(诚然它很简单),这两个术语就既与普通人有关,也与哲学家有联系。对普通人来讲,尽管程度不同,但他们都活在一个对自己而言的"真实"世界中,他们也多多少少"知道"这个世界带有这样或那样的特质。哲学家则肯定会针对这种"现实"和"知识"提出一些终极问题,比如:**什么是真实?我们如何能知道?**无论从哲学角度还是从人类思考的本性来看,这些都属于最古老的问题。正因为如此,如果有社会学家想踏入这一历史悠久的思想领域,他就有可能遭到人们的白眼,甚至可能激怒哲学家。所以我们在开头就得说明，我们是在社会学的意义上使用这些术语的，而且社会学不可能自负地宣称自己回答了那些古老的哲学问题。

如果要确保后文的严谨，那么我们就得在每次使用"现实"和"知识"这两个词时都给它们加上引号，这就会使行文显得太过笨拙。不过，说到引号，我们正好可以谈谈这两个概念在社会学语境中的独特用法。可以这样说，社会学对"现实"和"知识"的理解介于普通人和哲学家之间。对普通人来讲，"现实"和"知识"是一些理所当然的东西。除非遇到某些特殊问题，否则他们不会去琢磨"什么是真的""自己知道什么"等。社会学家就不能这么做了，因为他一贯很清楚，在不同社会中被视为"现实"的东西有着很大的差别，同时他还会依学科逻辑来思考：如果其他解释行不通，那么两种现实是不是可以用两个社会本身的各种差异来解释。哲学家又有所不同，他们的职业习惯要求他们不能把任何东西视为理所当然。对于普通人眼中的"现实"和"知识"，他们需要使其变得真正通透。换句话说，哲学家执着于区分关于世界的可靠判断和不可靠判断，以此决定何处不用加引号，何处应该加引号。社会学家显然做不到这一点，如果要求他们从逻辑而非文体的角度来处理引号，他们就要被困住了。

这里我们举个例子。一个普通人也许相信自己有"自由意志"，愿意对自己的行动"负责"，同时否认婴儿或疯子拥有这种"自由"和"责任"。哲学家则会探讨这些概念的本体论和认识论依据。无论使用什么样的方法,他关注的都是下面这类问题:**人是自由的吗**?**什么叫责任**?**责任的界限何在**?**人是怎么知道这些事情的**?诸如此类。显而易见,社会学家无法为这些问题提供答案,但他能做和要做的事情是:看一看"自由"这一概念如何在某些社会被理所当然地接受,而在另一些社会却不是这样;看一看这种"自由"的"现实性"如何在这些社会中得到维持;以及更有意思的是,看一看这种"自由"后来又如何在个体或整个集体那里失去它的"现实"属性?

社会学对于"现实"和"知识"的研究旨趣,正是基于此二者在不同社会中所表现出的相对性。一位西藏僧人眼中的"现实"对一位美国商人来说可能就不是"现实",犯罪分子的"知识"和犯罪学家的"知识"也是不一样的。因此可以这么说,只有在特定的社会背景下,某种"现实"和"知识"才得以凝聚(agglomeration)。如果我们要对一种社会背景进行充分的社会学分析,这种凝聚背后的"现实/知识—社会"关系也理应属于考察内容。进一步来讲,既然不同的社会有着不同的理所当然的"知识",那么一门"知识社会学"的出现就相当有必要了。当然,这门学科要关注的不仅仅是"知识"的社会差异,它同样关注人类社会在确立"现实"之时所遵循的普遍法则。换句话说,"知识社会学"不仅事关人类社会的"知识"在经验上所表现出的多样性,而且事关**一切**"知识"在**成为**"现实"时所经历的社会过程。

在我们看来，知识社会学必须关注一个社会中所有被当作"知识"的事物，而无须从任何角度去关心这些"知识"的终极可靠性。不管什么样的"知识"，都是在社会情境中被发展、传播和维持的。在这样的过程中，一种理所当然的现实就凝结（congeal）在普通人面前，而这一过程正是知识社会学的关注点。**换言之，知识社会学的分析对象就是现实的社会建构。**

知识社会学这个词已经出现约 40 年了，然而对于它的研究范畴，我们的理解与 40 年来人们的普遍看法是不太一样的。因此在展开正式论述之前，我们有必要简要回顾一下知识社会学的发展，并进一步解释，我们到底在哪些方面区别于前人以及这种区别的必要性何在。

"知识社会学"（*Wissenssoziologie*）这一术语的发明时间是 20 世纪 20 年代，发明地是德国，发明者是哲学家马克斯·舍勒（Max Scheler）。[①] 要真正理解这一新学科的创立和后续发展，这三个事实需要牢记于心。德国特定的思想史和哲学语境是知识社会学的摇篮。作为新的学科，它随后就被引入了社会学界，特别是英语社会学界，然而它所讨论的问题一直反映着当初孵化自己的那些思想背景。由于社会学家并不了解 20 年代的德国思想家面对的困扰，因此知识社会学并未得到他们的充分关注。这一点在美国社会学家那里尤为突出，他们大都将知识社会学视为一种老式的、带有欧洲风的边缘学科。但更重要的是，即便有人对知识社会学表现出兴趣，他们的研究也还是停留在学科发端时的一系列问题上，这种理论上的不足反倒更加值得我们注意。换言之，无论是知识社会学的推动者，还是大多数对此学科没多少兴趣的社会学人，都将知识社会学视作观念史的社会学变种。这种做法严重忽视了知识社会学潜在的理论重要性。

　　关于知识社会学的性质和范围，人们一直有着不同的界定。甚至可以说，这一分支学科迄今以来的历史就是各种界定的历史。可是人们也都同意，知识社会学大体上是要研究人类思想与作为其源头的社会背景之间的关系，故而它也可以被视为针对思想的"存在决定论"（*Seinsgebundenheit*）这一更宽泛的议题的社会学方案。不过，与历史因素、心理因素或生物因素的决定论类似，当我们谈到社会因素对人类思想的决定作用时，我们会遇到一个共有的理论困难：思想究竟在多大程度上反映了或是独立于这种决定因素？

　　对于这个一般化的理论问题，近代德国哲学给予了极多的关注。这种关注是以当时大量的历史学研究为基础的，后者乃是19世纪德国思想界最为丰硕的成果之一。这是一段思想史上前无古人后无来者的时期，人类历史连同它所见证的繁多、迷人的思想形式，都被科学的历史研究者挖掘出来，并被栩栩如生地呈现在当代人面前。德国学者毫无争议地占据了"思想—存在"这一论域的首要位置，因此我们也不需要诧异，他们早已敏锐地意识到了这一论域所抛出的理论困境，也就是所谓相对性的困扰。这一困扰在认识论层面上非常明了，而在经验层面上，它促使学者殚精竭虑地去探寻思想与它所处的历史情境的具体联系。从这个角度来看，知识社会学的确承袭了历史学研究的问题意识，只是它的关注范围相对窄一些。②

当然，在思想与存在的关系问题上，不论是一般性的讨论还是更为聚焦的观察，都不是什么新鲜事物。对价值观与世界观的社会基础的关注古已有之，而至少在启蒙运动时期，这一关注就已结晶（crystallized）为现代西方思想的一个重要主题。因此，我们完全有可能围绕着知识社会学的核心问题建立一些"谱系"（genealogies），③甚至可以说，帕斯卡的名言"在比利牛斯山的这一边是真理的，到了那一边就是错误"已道出了这一问题。④不过，知识社会学直接的思想源头还是要归属于19世纪德国思想的三大发展：马克思主义、尼采哲学和历史主义。

知识社会学从马克思那里获得了它的基础命题：人们的社会存在决定人们的意识。⑤当然，马克思的这种决定论到底是什么意思，一直众说纷纭。"与马克思纠缠"（struggle with Marx）正是早期知识社会学的一种重要色彩。这种色彩并不罕见，如果读过韦伯、涂尔干和帕累托的作品，我们就能在他们所代表的社会学"古典时期"发现同样的东西。可是我们也能确信地说，大部分对马克思的批评意见都是有问题的，因为他们批判的往往只是后来的马克思主义者对马克思本人的错误诠释。让我们注意一下这个事实，即直到1932年，马克思那本极其重要的《1844年经济学哲学手稿》才被发现，又到了第二次世界大战结束后，这一发现的意义才在马克思研究中得到体现。这就为我们的上述断言提供了有力的佐证。马克思为知识社会学的核心问题赋予了一种最犀利的表述,除此之外,知识社会学的一些核心概念也来源于马克思,这其中就包括"意识形态"(ideology)(一种代表着某种社会利益的观念武器)和"虚假意识"(false consciousness)(一种脱离了思考者的真实社会存在的异化思想)。

一直以来,知识社会学都对马克思提出的"下层结构/上层结构"(substructure/superstructure)极其着迷,而马克思本人究竟如何理解这对概念,却引起了人们的激烈争论。后来的马克思主义者倾向于将下层结构简单等同于经济结构,而上层结构就是对下层结构的直接反映。现在看来,这种本质上机械而非辩证的经济决定论是对马克思的误解。在马克思那里,人类思想扎根于人类活动(也就是最宽泛意义上的"劳动")以及这些活动引发的社会关系。只有将"下层结构"理解为人类活动,将"上层结构"理解为人类活动创造出的世界,我们才能把握这对概念的意思。⑥但不管怎样,从舍勒开始,"下层结构/上层结构"这一框架就被知识社会学以各种形式吸收。人们认为,在思想与其"背后"的现实之间必定存在着某种关系。即便许多知识社会学家对"下层结构/上层结构"这对关系的本质有着不同的理解,他们对这一分析框架也是深深着迷的。

同马克思相比,尼采对知识社会学的影响就不是那么清晰了,他的观点更多地隶属于广义的思想背景以及这种背景所孕育的"精神气质"(mood)。尼采的反唯心论与马克思的内容不同,形式却不无相通之处。它为人类思想的斗争工具论提供了更多的视角:思想乃是人类谋求生存与权力的工具。⑦通过剖析"欺骗"(deception)和"自欺"(self-deception)的社会意义,并把"假象"(illusion)视为生活的必要条件,尼采提出了自己的"虚假意识论"。作为特定人类思想的一种生成性因素,尼采的"怨恨"(resentment)概念直接为舍勒继承。大而化之地来看,我们可以说,知识社会学就是一种新理念的具体应用,这种理念被尼采形象地称为"怀疑的艺术"(art of mistrust)。⑧

以威廉·狄尔泰(Wilhelm Dilthey)的作品为代表的历史主义是知识社会学的前身。⑨历史主义重在强调,关于人类事物的所有看法都被相对性所笼罩,人类思想具有不可避免的历史性。历史主义者坚持认为,离开了其自身的历史脉络,任何一种情境都不可能被理解。这一说法可以很自然地被转换为对"思想的社会条件"的强调。德国历史主义者所使用的一些概念,如"情境决定"(*Standortsgebundenheit*)、"生活处境"(*Sitz im Leben*),也都可以被转化为指涉思想的"社会定位"(social location)。总的来说,对历史主义的继承,使得知识社会学家表现出对于历史的强烈兴趣并且倾向于采用一种本质上是历史性的研究方法。这样一来,知识社会学为何在美国社会学的大环境中被人冷落,也就自然可以理解了。

舍勒对知识社会学乃至范围更宽泛的社会学问题的兴趣,都只不过是他哲学生涯的一段插曲。[10]他的最终目的是要建立一门哲学人类学，以此来超越历史或社会本位观所包含的相对性。他的知识社会学服务于这一目的，其主要任务是清除相对主义的障碍，以便进一步开展真正的哲学工作。因此舍勒的知识社会学在真正的意义上乃是"哲学的婢女"（ancilla philosophiae），而且她所侍奉的是一种非常具体的哲学。

与这种取向相一致，舍勒的知识社会学本质上是一种否定的方法。虽然舍勒提出的"现实因素"（Realfaktoren）和"理念因素"（Idealfaktoren）显然是马克思"下层结构/上层结构"的翻版，但它们之间只是一种调节关系，这与后者不同。也就是说，"现实因素"只调节特定的"理念因素"得以在历史上出现的条件，但无法影响理念因素的内容。换句话说，社会所能决定的是理念的"此在"（Dasein），而非其"本在"（Sosein）。因此，知识社会学只是一种研究程序，通过这种程序，研究者可以考察理念的社会—历史选择过程，而理念的具体内容不受这种因果关系的影响，从而不是社会学的分析对象。这里可以为舍勒的方法做一个形象的比喻：为了便于进入本体论确定性的城堡，他往相对主义的巨龙口中扔了一大块面包。

设置这个谨慎的分析框架是舍勒有意为之的，当然也是没有办法的。在此框架内，舍勒详尽地分析了人类知识如何由社会所规约（ordered）。舍勒强调，人类知识在社会中是以先验的形式呈现的，它先于个人经验并为其提供意义秩序。这一秩序尽管与特定的社会—历史情境有关，但对个体来说是一种看待世界的自然方式。这种秩序被舍勒称作"相对化的自然世界观"（*relativnatürliche Weltanschauung*），它迄今为止仍被视为知识社会学的核心概念。

在舍勒"发明"了知识社会学之后，德国学界围绕着这一新学科的有效性、解释范围以及应用性展开了广泛讨论。⑪在这些讨论中生发出一个新思路，即将知识社会学移植到更为狭义的社会学研究中。知识社会学正是这样传播到英语学界的。这也是卡尔·曼海姆（Karl Mannheim）的构想。⑫如果说，当今的社会学家在谈及知识社会学时，无论是褒是贬，指的都是曼海姆式的知识社会学，这并不为过。在美国社会学界，这种现象很容易理解，因为当时人们能够接触到曼海姆全部著作的英文版本（实际上其中一部分本身就是用英文写的，那时由于纳粹上台，所以曼海姆在英国授课；还有一部分是以英文修订版的形式出现的），而舍勒的知识社会学研究至今没有英文翻译。当然，除了这一"扩散"（diffusion）因素，曼海姆的作品也比舍勒的作品带有更少的哲学"包袱"，这一特点在曼海姆的后期作品中尤为明显，只要将英文版《意识形态与乌托邦》（*Ideology and Utopia*）与德文原版一比较便知。因此，对社会学家来说，就算他们对曼海姆的工作持有批判或冷漠的态度，他们也会把他当成"自己人"（congenial figure）。

曼海姆对知识社会学的理解要比舍勒深入得多，这可能是因为他与马克思有着更为直接的碰撞。在曼海姆这里，除了数学和至少一部分自然科学以外,社会不仅决定着几乎所有人类思想的表象,而且决定着其内涵。因此,不论我们要研究人类思想的哪个方面,知识社会学都大有可为。

值得指出的是,曼海姆最为关注意识形态这一现象。他将意识形态划分为特定的、总体的和普遍的三种类型:特定的意识形态指向对立者的部分观念;总体的意识形态指向对立者的整个观念体系(类似于马克思所说的"虚假意识");普遍的意识形态不仅包括我们的对立者,而且包括我们自己的观念,而曼海姆认为,正是在这一点上,马克思被超越了。普遍的意识形态主张所有人类思想(除了上文提到的一些例外)都受其所在社会背景的意识形态影响,这个思路就到达了知识社会学的层次。通过这种扩充,曼海姆试图将意识形态理论的核心问题从政治用语的情境中抽离出来,将其转化为更具普遍意义的认识论和历史社会学问题。

曼海姆并没有舍勒一样的本体论雄心,但他同样对自身观点可能导向的泛意识形态论(pan-ideologism)感到不安。为区别于"相对主义",他发明了"关系主义"一词来标定知识社会学的认识论立场。这种做法并不是对社会—历史相对性的投降,而是旨在审慎地承认,所有知识都必须来自某一特定角度。在这一点上,曼海姆很可能受到了狄尔泰的重要影响。借助历史主义的工具,曼海姆克服了马克思主义的困难。不过曼海姆也认为,虽然意识形态的影响始终存在,但人们可以尽可能地对不同的社会立场进行系统考察,以此减弱它们的影响。换句话说,随着不同视角的汇聚,思想的客体会越来越清晰地显现。这便是知识社会学的任务,它为我们更好地理解人类事务提供了重要帮助。

自身的社会位置会带来相应的狭隘立场,在克服这一困难时,不同的社会群体表现出的能力有着巨大的差异。曼海姆将自己的希望寄托于阿尔弗雷德·韦伯(Alfred Weber)所说的"与社会无涉的知识分子"(*freischwebende Intelligenz*)。他们隶属于一种间隙阶层(interstitial stratum),从而相对超越了阶级利益。除此以外,曼海姆也强调了"乌托邦"思想的力量。虽然乌托邦思想像意识形态一样扭曲了社会现实,但它内含一种让现实向自己的愿景转化的动力,这种特质是意识形态不具备的。

前文讨论了舍勒和曼海姆的知识社会学,当然这些讨论绝不可能对二人的思想给出完全妥帖的意见,我们的目的也不在此。舍勒和曼海姆提出了两种概念不同的知识社会学,"温和"与"激进"可分别作为其适宜的标签,而我们只是点出了它们的一些主要特征。⑬应当注意的是,知识社会学的后续发展,在很大程度上正是人们对这两种知识社会学的批判与修正。正如我们在前文指出的,曼海姆的思想以"下定义"的方式为知识社会学设置了学科框架,对英语社会学界来讲尤为如此。

在认真对待知识社会学的美国社会学家中,罗伯特·默顿(Robert K. Merton)是最重要的一位。⑭他的主要著作以两章的篇幅讨论了这一学科,为那些对知识社会学感兴趣的美国社会学家提供了很有用的入门指南。默顿以一种简洁、连贯的方式重述了知识社会学的主旨，为它构建出一种范式。这一范式颇为有趣，因为它试图将知识社会学与结构功能主义融为一体。例如，默顿将自己的"显功能/潜功能"概念与观念领域相联系，从而区分出了观念的"有意识作用"和"无意识作用"。作为默顿眼中最杰出的知识社会学家，曼海姆的作品最为默顿所关注。除此以外，默顿也强调了涂尔干学派以及皮季里姆·索罗金（Pitirim Sorokin）的重要性。有意思的是，默顿未能看到美国社会心理学的一些重要发展与知识社会学之间的关联，前者中的参照群体理论虽然为他所提及，但是仅仅出现在同一本书的其他章节中。

塔尔科特·帕森斯（Talcott Parsons）也曾对知识社会学做出评论，[15]但这些评论主要限于对曼海姆的批判，他未曾试图将知识社会学与自己的理论体系相整合。诚然，帕森斯也详细讨论过"观念的角色问题"，但是他的分析框架与舍勒或曼海姆的知识社会学大相径庭。[16]因此我们可以大胆地说，默顿和帕森斯都没有真正超越曼海姆的知识社会学。不仅如此，这一判断同样适用于默顿和帕森斯的批评者。以批评二者最激烈的 C. 赖特·米尔斯（C. Wright Mills）为例，虽然他曾在早期作品中讨论过知识社会学，但是仅限于介绍性的文字，未能做出理论贡献。[17]

用新实证主义（neo-positivist approach）的方法将知识社会学整合进一般意义上的社会学，也是一个有趣的尝试。这项工作主要是由西奥多·盖格尔（Theodor Geiger）完成的。自移民离开德国后,他对斯堪的纳维亚社会学圈产生了很大影响。[18]在处理意识形态这一概念时,盖格尔回归到一种较为狭义的理解,即将其视为一种被社会所扭曲的思想。他认为,只要我们坚持一套标准的科学研究程序,意识形态问题就有可能被解决。恩斯特·托皮奇(Ernst Topitsch)在德语社会学界延续了这一思路。在新实证主义方法的基础上,他着重考察了不同哲学立场各自的意识形态根源。[19]就曼海姆给出的学科定义来说,对意识形态的社会学分析乃是知识社会学的一个重要组成部分,因而自第二次世界大战以来,欧美社会学界对此问题也给予了不少关注。[20]

西奥多·盖格尔(1891—1952年),德国社会学家、社会主义者,1933年移民丹麦,是丹麦历史上第一位社会学教授。

恩斯特·托皮奇(1919—2003年),奥地利社会学家、哲学家,先后在维也纳大学、海德堡大学和格拉茨大学任教。

另一位在英美教书的欧陆流亡学者沃纳·斯塔克(Werner Stark)致力于创建一门综合性更强的知识社会学。在超越曼海姆的各种尝试中,斯塔克的工作最具影响力。[21]曼海姆关注的是意识形态问题，斯塔克则走得远得多。在他看来，知识社会学的任务并不是批判或揭露那些被社会扭曲的知识，而是要就知识本身的社会条件展开系统分析。简言之，它的中心问题是关于真理的社会学，而不是关于谬误的社会学。斯塔克的研究方法是独到的，而我们能够发现，在思想与社会背景的关系方面，斯塔克可能更接近舍勒，而非曼海姆。

沃纳·斯塔克（1909—1985年），流亡知识分子、社会学家、经济学家。出生于奥匈帝国的马里昂巴德市（现属捷克），先后在捷克、德国、英国、美国和奥地利生活，曾任教于剑桥大学、福特汉姆大学和萨尔兹堡大学等著名学府。

显然，正如前面所说的，我们没有打算针对知识社会学的发展进行一番详尽的历史回顾。此外，有一些观点和学说有可能与知识社会学存在着理论联系，但它们的倡导者自己不这么看，我们也就将它们忽略了。也就是说，我们考察的只是那些以"知识社会学"（包括意识形态问题）为名的学说。沿着这种思路，我们就能看到一个清楚的事实：除了一些关于认识论的讨论，知识社会学家把几乎所有经验层面的关注点都放到了"思想"的领域，或者说是理论思维的领域。斯塔克也不例外，他的知识社会学代表作的副标题就是"更深入地理解思想史"。换句话说，理论层面的认识论问题和经验层面的思想史问题构成了知识社会学一直以来的研究旨趣。

毫无疑问，对知识社会学来讲，上述两类问题既是恰当的，也是重要的。然而我们认为，这种特定的问题构型（constellation）一直主导着知识社会学至今未免不是一种遗憾，因为它遮蔽了本学科完整的理论意义。

从知识社会学的角度出发来讨论"社会学知识的有效性"这一认识论问题，就仿佛是坐在车上推车。一切经验学科，只要它关心人类思想的相对性（relativity）和决定项（determination）并进一步搜集经验证据，就易被导向科学知识的认识论问题。作为此类学科最重要的三个代表，历史学、心理学和生物学均遭遇了这种认识论困难，知识社会学也不例外。而且，这种认识论困难在不同学科中表现出了基本相同的逻辑结构：我怎样才能确定我对美国中产阶级的道德观念所做的社会学分析是正确的？我所用的分析范畴难道不受制于某种历史思想形式吗？我和我的思考是否都由我的基因决定呢？或者都来自我对同类的天生敌意？更麻烦的是，我本身就是美国中产阶级的一员呀？！

对于上述问题，我们绝不能假装看不见；但我们可以说，这些问题都不属于经验社会学的内容。它们理应被归入社会科学方法论这一哲学领域。这一领域本身不是社会学，社会学实际上是它的一个研究对象。那些总是制造认识论麻烦的经验科学，包括知识社会学在内，都在为这一方法论领域"输送"（feed）着待解答的问题，而这些问题是那些经验科学自己回答不了的。

讨论进行到这里，困扰着本学科两位主要创始人的那些认识论和方法论问题就被我们从知识社会学的领域排除出去了。凭借这个办法,我们得以将自己与舍勒、曼海姆以及后来那些继承了二人学科概念的知识社会学家(以新实证主义取向的学者为代表)区分开来。在本书中,对于那些有关社会学分析可靠性的认识论和方法论问题,不管它针对的是知识社会学还是其他领域,我们都从头至尾坚定地以一种加括号的方式来对待,因为我们主张,知识社会学是经验社会学的一部分。诚然,我们在本书中所做的讨论是理论性的,但是我们的理论化针对的是经验学科的具体问题,而不是它的哲学基础。总而言之,我们所研究的是社会学理论,**而不是**社会学方法论。本书只是在第一章(紧接着绪论)有一些超越社会学理论的讨论,但这么做和认识论关系不大,理由稍后即可看到。

然而,即便确认了知识社会学是经验科学,我们仍需要在理论层面重新界定它的经验研究任务。正如我们看到的,在这一层面上,知识社会学一直关注思想史,也就是观念史。当然,我们需要再次强调,与那些被我们排除的认识论和方法论问题不同,思想问题是知识社会学非常重要的研究对象。但是,在我们看来,包括意识形态这一特殊问题在内,"思想"问题仅仅是知识社会学研究对象的一部分,而且不是它的核心内容。

知识社会学必须关注社会中所有被当作"知识"的事物。一旦认识到这一点,我们就会明白,只关注思想史的做法是不妥的,至少可以说,思想史不应成为知识社会学的主要研究对象。

理论思维、思想、世界观在社会中都不是**那么**重要的东西,尽管每个社会中都有它们的踪迹,但它们只是"知识"的一部分。在任何社会中,都只有一小撮人在钻研理论、考量观念和构筑世界观,但是社会中的每个人都会通过各种途径参与到与"知识"有关的事务中。换句话说,在一个社会中,虽然只有少数人关心对于世界的理论解释,但是所有人都生活在某种世界中。因此,过于注重理论思想的做法是对知识社会学的不当束缚。更进一步来说,作为社会知识的一种,如果理论知识在被考察时脱离了一个对"知识"一词持有更为一般化的理解的分析架构,那我们就很难得到满意的结果。

夸大社会和历史中那些理论思想的重要性,是理论工作者天生的缺点,我们很有必要来纠正这种唯智论的错误。那些针对现实的"理论"表述,无论是科学的、哲学的还是神学的,都无法穷尽社会成员心中的"现实"。既然如此,知识社会学就必须把人们在非理论和前理论的日常生活中所"知"的"现实"作为首要关注点。换句话说,与"思想"相比,常识性的"知识"才是知识社会学的焦点,正是这种"知识"构造出了所有社会赖以维系的意义之网。

因此,知识社会学必须关注现实的社会建构。对那些有关现实的理论化表达进行分析当然仍属于这项工作的一部分,但绝不是最重要的部分。由此我们也可以看到,虽然摒除了认识论和方法论问题,但我们为知识社会学下了一个范围更加宽广的定义,大大拓展了这门学科迄今为止的研究范围。

为知识社会学所下的新定义还需要一些理论元素的支持。那么,哪些元素是必备的呢?舒茨为这一问题提供了重要的看法。作为一名哲学家和社会学家,舒茨终生关注日常生活中常识世界的结构。虽然他未曾阐述过自己的知识社会学,但他很清楚地指出了这一学科的研究对象:

> 一个特定的、历史的、社会—文化性的生活世界(*Lebenwelt*)必然伴随着不可或缺的常识,而所有模式的常识都归属于这样的生活世界。它们被视为理所当然的,并成为社会共识。这些常识的结构决定了知识的社会分配,以及特定历史情境中特定群体所处的特定社会环境的知识的相对性和相关性。**这些正是相对主义、历史主义和所谓的知识社会学应该研究的问题。**㉒

舒茨又说:

> 知识是通过社会来分配的,其分配机制是社会学的研究对象,这种社会学就是人们所说的知识社会学。然而,它的实际表现名不副实。面对知识的社会分配这一问题,所有的知识社会学家所选择的研究角度无外乎以下三种:社会条件尤其是经济条件为真理所提供的意识形态基础、教育的社会含义或知识人的社会角色。对于它们以外的那些多样的理论角度,社会学家鲜有涉猎,

反倒是经济学家和哲学家做了一些工作。㉓

尽管我们并不打算把舒茨所说的"知识的社会分配"当作中心问题来处理，但我们同意他的批评：知识社会学是名不副实的。按照我们的思路，知识社会学的任务需要被重新定义，而这一思路中的基本概念，也正来自于舒茨。除此之外，我们在下文中对日常生活的知识基础所做的探讨，也在很大程度上依托于舒茨的观点，而本书主体中的多处重要观点同样得益于他。

我们的人类学预设受到马克思特别是马克思的早期作品的重要影响，同时得益于赫尔穆特·普莱斯纳（Helmuth Plessner）和阿诺德·盖伦（Arnold Gehlen）等学者的人类生物学（human biology）之中的人类学思想。此外，涂尔干本人及其后继者的法国社会学传统使我们获得了对于社会现实的本质的认识。不过，在

赫尔穆特·普莱斯纳（1892—1985年），德国哲学家、社会学家，哲学人类学的代表人物之一。

阿诺德·盖伦（1904—1976年），德国哲学家、社会学家，哲学人类学的代表人物之一。

此基础上,我们一方面引入了马克思的辩证观,另一方面强调了"主观意义参与社会现实的构造"这一韦伯式的观念,从而在一定程度上改造了涂尔干的社会理论。㉔我们的社会心理学预设则受到乔治·赫伯特·米德(George Herbert Mead)以及其后的象征互动主义学派(symbolic-interactionist school)这一美国社会学传统的重要影响,它在我们分析社会现实的内化问题时发挥了重要作用。㉕这些不同的思想资源均在我们自己的论述中出现,读者可以在注释中看清它们的具体作用。当然,我们完全明白,在借鉴这几个流派的观点时,我们既没有也没可能完全忠实于它们最初的理论意图。但就像前面所说的,我们要做的不是对前人的观点进行解释,更不是为了综合而综合。在本书的许多地方,当我们把这些学者的观点移植到一个对他们来说完全不相关的理论框架中时,我们都很清楚,这不啻为一种冒犯。不过我们也想自我辩护一下,鸣谢历史并不属于科学的美德,就像帕森斯所说的(虽然我们对他的理论实难苟同,但对于他的理论综合立场,我们举双手赞成):

> 本书的目的并不是要确定和概述这些论者就他们研究的论题说了什么或是有什么看法,也不是要依据当代社会学以及相关的知识来直接探讨其"理论"中的每一个命题……本书研究社会**理论**,却不是对**各种**社会理论的研究。本书关注的并不是这些论者的著作中那些孤立的、彼此无联系的命题,而是一个由系统的理论论证构成**的统一体**。㉖

我们的目的也正是"系统的理论论证"(systematic theoretical reasoning)。

不难看出,我们对知识社会学的性质和范围的重新定义将把它从社会学理论的边缘移至中心。不过我们可以向读者保证,之所以这么做,并不是因为我们能从"知识社会学"这一标签中捞到什么好处。应当这么说,对社会学理论的理解引领我们进入了知识社会学,指导我们重新厘清这一学科的困境与任务。而在这条研究道路上,我们紧紧跟随着的,恰恰是社会学领域最著名和最有影响力的两个"行军号"(marching orders)。

它们分别来自涂尔干的《社会学方法的准则》(*The Rules of Sociological Method*)和韦伯的《经济与社会》(*Wirtschaft und Gesellschaft*)。涂尔干告诉我们:"最基本和最首要的原则是:把社会事实视为物。"[22]韦伯则观察到:"行动的主观意义丛结是历史学与当前社会学的认识对象。"[23]这两种表述并不矛盾。社会确实带有客观的事实性,但它也确实是由表达主观意义的行动所建立起来的。涂尔干了解后者,正如韦伯明白前者。借用涂尔干的另一个重要术语来讲,由客观事实性和主观意义性所构成的二元特征恰恰使得社会成为一种"自成一类的现实"(reality *sui generis*)。由此,我们就能针对社会学理论提出如下核心问题:主观意义如何**成为**客观事实?这个问题也可以依前面的理论立场来重新表述:人类活动(*Handeln*)如何生产出一个物(*choses*)的世界?换句话说,要真正理解社会这种"自成一类的现实",我们就必须了解建构这种现实的方式。我们相信,这正是知识社会学的任务。

第一章 日常知识的根基

经典名句

- 日常生活现实是理所当然的,它简单地存在着,并不需要额外的论证。它就在那儿,不证自明,是一种不可抗拒的事实,我知道它是真实的。

- 当我因为某些原因在日常生活的时间结构中"迷失"之时,我会几近本能地寻求"重新定向"。我会看看手表,尝试记起今天是什么日子,借助这些行为来重回日常生活现实。

- 语义场决定了个人和社会的总体经验中哪些被保存、哪些被遗忘。通过这种积累,一个社会知识库就形成了,它代代相传,被日常生活中的个人所继承。

第一节　日常生活现实

本书旨在对日常生活现实进行社会学分析,更准确地说,就是对那些指导人们日常行为的知识进行分析。至于这种现实在学者的各种理论视野中会是什么样子,并不是我们的分析重点,它只属于外围议题。因此我们必须在开头就澄清一点:我们所说的现实是社会中的普通人通过常识就可以感受到的现实。至于这种常识现实如何受到知识分子和其他思想贩子(merchants of ideas)的理论建构的影响,这是下一个层面的问题。虽然我们做的是理论工作,但是它紧紧贴近日常生活世界这一现实,后者正构成了社会学这一经验科学的研究主题。

因此有一点就很清楚了,我们要做的**不是**哲学讨论。当然,要理解日常生活现实,我们仍然需要在对其进行社会学分析之前考察一下它的内在性质。日常生活是人们所理解的现实,是一个具有主观意义的规整的(coherent)世界。作为社会学家,我们就把这种现实当成分析对象。在经验社会科学的框架内,我们将这一现实视为给定的,把其中的特定现象视为经验证据,而无须像哲学家那样进一步探究它的根基。不过,鉴于本书的特定目的,我们并不能完全避开哲学问题。对社会中的普通人来说,当自己的行为带有主观意义时,日常生活世界乃是理所当然的现实。此现实根植于人们的思想与行动,并依赖二者来保持真实性。因此,在开始主要工作之前,我们先要阐明日常知识的根基,这就是主观过程(与意义)的客体化(objectivations)。正是通过这一环节,**主体间**(intersubjective)的常识世界才得以建构而成。

在这里,我们只能对上述哲学问题做一番初步的探讨,也就是来谈一谈,对于这些问题,一个"够用"(adequate)的回答在我们眼中大概是什么样子的。补充一句,我们所说的"够用"指的是它能够为社会学分析提供一个起点。因此,接下来的讨论只不过是一个哲学初探,它本身是前社会学的(pre-sociological)。在我们看来,要阐明日常知识的根基,最适宜的哲学路径是现象学分析。就我们所理解的经验科学的本质来讲,作为一种纯描述的方法,现象学分析是"经验的"(empirical),但不是"科学的"(scientific)。[①]

对日常生活的现象学分析,或者对日常生活主观经验的现象学分析,并不涉及任何因果性(causal)或发生性(genetic)的假设,也不涉及对所分析现象本体状态的断言。这一点切不能忘。常识中包含着数不清的对日常现实的前科学和准科学的解释,这些解释对人们来说都是理所当然的。如果我们要描述常识中的现实,我们就得关注这些解释,并留意它们"理所当然"的属性，只不过此时我们会给它们加上现象学的括号。

意识总具有意向性，它永远包含着意图或直接指向对象。我们永远不可能把握住某些所谓的意识本身的内在基质（substratum），而只能讨论关于某物的意识。不管意识的对象是关于外在物质世界的经验，还是对于主观现实元素的理解，都不例外。当"我"（第一人称单数，在此处及下面的讨论中均表示日常生活中的一般化的自我意识）俯瞰纽约全景或是当"我"意识到内心的焦虑时，意识过程都带有意向性。意识到帝国大厦和意识到焦虑感到底有什么分别，这里不需要长篇大论。详细的现象学分析会把意识的多个层面以及其中不同的意义结构都揭示出来，比如说正在被狗咬、记得被狗咬过、怕狗，等等。我们这里所感兴趣的，是一切意识所共有的意向性特征。

在人的意识中，不同的对象组成了不同领域的现实。在我眼中，日常生活中需要打交道的人与梦境中的虚幻人物分属于不同的现实。这两组对象将两种不同的紧张（tensions）带入我的意识，而我也以不同的方式来注意它们，由此我的意识就可以穿梭于不同的现实之间。换句话说，我能够意识到世界是由多重现实组成的。当我从一个现实切换到另一个现实的时候，我会体验到一种冲击。它来自于现实切换所带来的注意力转换，从梦中醒来就是最简单的例子。

在各种现实中，有一种现实最为突出，这就是日常生活现实，它的特殊地位使它获得了至尊现实（paramount reality）的称号。在日常生活中，意识最为紧张，因为日常生活以一种最沉重、最紧迫和最强烈的方式将自己置于意识之上。要忽视它是不可能的，即便要削弱它的显著性都非常困难。因此，日常生活的现实迫使我必须全力投入其中。我在完全清醒的状态下体验日常生活，我完全清醒地认识到，自己存在于日常生活的现实之中，并且我也理解它。这种清醒状态对我来说是正常的和自明的，它构成了我的自然态度。

对我来说，日常生活现实是井然有序的，它的现象遵从一些提前安排好的模式。这些模式外在于我对它们的理解，并且凌驾于这种理解之上。日常生活现实看上去已然是客观化的，它的组成成分是一系列在我出场之前就已**存在**的客体。日常语言为我持续提供必要的客观化，设定好一种秩序。这种秩序既使客观化变得合理，也使我体验到日常生活的意义。我生活在一个具有确切地理位置的地方；我使用开瓶器和跑车等工具，它们的名字都来自于我所在的社会的技术词典；我生活在人际关系网中，从我所在的国际象棋俱乐部到美利坚合众国，它们都体现着词的秩序。语言为我的生活提供了社会坐标，并把有意义的事物填充进来。

日常生活现实是围绕着我身体所处的"此地"（here）和我当下所在的"此时"（now）被组织起来的。这种"此地此时"构成了我对于日常生活现实的注意力焦点，在日常生活中以"此地此时"的方式呈现给我的东西，构成了我意识中的实在之物（*realissimum*）。然而，日常生活现实并不仅限于这种触手可及的现象，还包括那些不处于"此地此时"的现象。这就意味着,对我来说,日常生活的各个领域在空间和时间上都会表现出亲疏差异。与我关系最近的,是我的身体可以直接操控的日常生活领域,这一领域包含我能够触及的世界、我可以通过行动来改变其现实的世界以及我工作于其中的世界。在这个运转的世界中,我的意识由一种实用的动机所支配,也就是说,我对这个世界的注意力是由我正在做什么、做过什么以及想要做什么所决定的。在这个意义上,它就是**我所拥有的**最显要的世界。我也知道,日常生活现实还包含着其他一些并不为我直接接触的领域。可是,我对这些领域或者没有实用层面的兴趣,或者仅有间接兴趣(或许它们对我来说是潜在的操控领域)。一般来讲,我对较远的领域的兴趣不会那么强烈,更没有那么迫切。我会对自己的职业所涉及的一连串事物表现出强烈的兴趣。假如我是一个机车工,我就会非常关注修理厂的世界。我会关心底特律汽车工厂的测试实验室里所发生的事情。尽管我的关心是间接的(我永远都不可能成为实验室的一员),但那里的工作终将影响我的日常生活。我可能也对肯尼迪火箭发射场甚至是外太空的事情有兴趣,但这种兴趣是一种私人的、闲暇时的选择,并不属于日常生活中的紧迫之事。

进一步来讲,在我面前,日常生活现实是一个主体间的世界,一个由我与他人分享的世界。这种主体间性(intersubjectivity)将日常生活现实与我所意识到的其他现实鲜明地区分开来。在梦的世界中我只有一个人,但我知道,如同对我一样,日常生活世界对其他人来说是真实的。实际上,如果缺少了与他人的持续互动和沟通,我根本无法存在于日常生活中。我知道我和他人对这个世界的自然态度是一致的,他人也都理解那些为世界带来秩序的客观事物,他们也围绕着**自己**所处的"此地此时"来组织这个世界,并在其中做着自己的事情。我当然也明白,对于这个共同的世界,他人有着与我不一样的视角。我的"此地"是他人的"彼地",我的"此时"也不与他人完全重合。我所做的事情与别人不同,甚至有可能发生冲突。可是我依然清楚,我和他人生活在一个共同的世界里。更重要的是,我还知道一点:**我和他人**对世界的理解一直保持着某种一致性,因为我们共享着关于现实的一种常识。自然态度是一种常识态度,这恰恰是因为它指向的是许多人的共同世界。所谓常识性知识,指的是在常态的、不证自明的例行生活中,由我和他人所共享的那些知识。

日常生活现实是理所当然的,它简单地存在着,并不需要额外的论证。它就在**那儿**,不证自明,是一种不可抗拒的事实,我**知道**它是真实的。虽然我有能力去质疑它的真实性,但在日常生活中,我必须把这种质疑悬置起来。这种悬置是非常坚定的,如果要放弃它,就好比我在理论思考或宗教冥想中所做的那样,我就得经历一种极端的切换。日常生活具有自我宣示性,当我试图挑战它时,就不得不费心劳神。哲学家或科学家在从自然态度切换到理论态度时就要经历这样的过程。不过,我们也不能说日常生活现实的所有方面都是没问题的,它们并不是无差别的。日常生活可以被分成许多部分，其中一些是我理解的常规事物，而另一些就会给我带来这样那样的问题。假设我是一个汽车修理师，对所有美国产的汽车都很了解，与美国车打交道是我生活中平常无奇的事情。突然有一天，一个人来到修车厂，让我帮他修理他的大众牌汽车，这时我就不得不进入一个由外国车构成的问题世界了。修理这辆大众车时，我有可能不太情愿，也有可能带着职业好奇心，但无论怎样，我都遭遇了一种非常规问题。当然，此时我并没有脱离日常生活现实。事实上，在我掌握了修理外国汽车所需要的知识和技能后，我的日常生活现实变得更丰富了。日常生活现实包含常规和存疑两个部分，只要那些存疑的部分不属于一种完全不同的另类现实（如理论物理或噩梦），只要常规的日常生活持续存在，不被打断，人们就不会觉得它们有什么问题。

然而，即便是日常生活现实中那些目前不成问题的部分，也有可能突然被问题打断。在这种情况下，日常生活现实会努力将有问题的部分整合进无问题的部分。常识性知识中就包含许多这方面的例子。当我的同事忙着他们自己熟悉的事情，做着手边的日常工作时，我不会觉得有什么问题，比方说他们正坐在我旁边的座位上噼里啪啦地打字。可如果他们中断了日常工作，聚到一个小角落窃窃私语，我就会产生疑问了。当我试图揣测这一不同寻常的行为有何意义时，常识会给出多种有助于把不正常重新融入正常的可能解释：他们也许在讨论如何修理一个发生了故障的

25 打字机,或者他们中的某个人从老板那里得到了什么紧急指示,等等。另一方面,我也有可能发现他们正在讨论工会的罢工通知,这算是超出了我的经验,但仍然是一个能够为我的常识所处理的问题。在这里,常识会把它**当成**一个问题,而不是像前面的情形中那样,将其简单整合进日常生活的无问题领域。然而,要是我得出结论,同事们集体发疯了,问题就具有另外一个性质了。此时我所面对的问题超出了日常生活现实的边界,指向了一个完全不同的现实。事实上,按照我所得出的结论,这些发疯的同事其实已经离开了日常生活世界,进入了另一个世界。

同日常生活现实相比,其他类型的现实仅以有限意义域(finite provinces of meaning)的面目出现。它们是至尊现实的飞地(enclaves),有着限定好的意义和经验模式。至尊现实全方位地包裹着其他现实,其他现实中的意识不断回溯到至尊现实中,就像是从远游中归来一样。这一点可以在前面所说的梦境和理论思考这两种现实中得到佐证。类似的"穿梭"(commutations)也发生在日常生活世界和游戏世界之间,孩子在游戏时便是如此,成人则更加显著。剧院就为成人的游戏表现提供了一个很好的例子。随着大幕的开合,人们在不同的现实之间进行切换。当大幕拉开时,观众被运送到另一个世界,这个世界有它自己的意义和秩序。这种秩序与日常生活中的秩序既有可能有很多联系,也有可能没什么联系。当大幕闭合,观众"回到现实",也就是日常生活的至尊现实中。与之相比,舞台上的"现实"变得虚无缥缈、转瞬即逝，尽管在一小会儿之前它还是那么的生动、鲜活。在美学和宗教体验中有大量此类切换的例子，盖因艺术和宗教是有限意义域的天然生产者。

所有的有限意义域都带有一个相同的特征——处于有限意义域时，人们的注意力从日常生活中转移开了。虽然这种注意力的转移在日常事务的**内部**也很常见，但是在转向有限意义域之时，注意力所发生的转移是根本性的，此时意识的紧张点发生了根本变化。在宗教经验中，这种转移被贴切地称为"跃迁"（leaping）。不过这里得强调一点，即使在跃迁发生的时候，日常生活现实仍然保持着它的至尊地位。语言最能说明这种现象。对我而言，可用的、用以将我的经验客观化的语言都扎根于日常生活中，时刻指向日常生活，即使在我用它来解释有限意义域的经验时，也是如此。因此，一旦用日常语言来解释有限意义域的经验，我通常就会"扭曲"（distort）后者的现实，也就是说，我把非日常生活领域的经验"转译"（translate）成了至尊现实中的经验来处理。在谈论梦的时候，这很常见，但那些试图讲述理论、美学或宗教体验的人也正是那么做的。理论物理学家说他的空间概念不能用语言来表达，正如艺术家无法用语言说明作品的意义，或是神秘主义者无法用语言说明他的天启经验，但无论如何，做梦的人、理论物理学家、艺术家和神秘主义者**也**都生活在日常现实中。实际上，他们都面对着一个重要问题，即如何解释日常生活现实与自己所体验的飞地现实的并存状态。

日常生活世界具有时空结构。空间结构与我们目前的讨论没有太大关系，我们仅需指出以下这点就够了：由于我的操控区域与他人的操控区域相互交织，因此空间结构也具有社会维度。对于我们要讨论的问题来讲，日常生活的时间结构更为重要。

时间性（temporality）是意识的内在属性。意识流总是在一定的时序中展开的。这种时间性可以为主体感知，我们能够区分它的不同层次。每个人都能意识到一个内在的时间流，这种时间流在节奏上对应于身体的生理波动，前者基于后者但又不完全等同。当然，要详细分析内在时间性的不同层次，就大大超出我们的讨论范围了。然而正像我们所指出的，社会生活的主体间性也带有时间维度。日常生活世界有自己的标准时间，它是主体间的时间。我们可以把这种标准时间理解为两种时间的交集：一种是宇宙时间及其社会历法，它基于自然的时序；另一种就是前面所说的多层内在时间。不同层级的时间性永远不可能达到完全一致，"等待"这种体验就能很清楚地说明这一点。我的身体和我所在的社会共同作用，把涉及"等待"的特定事件的秩序置于我和我的内在时间之上。可能我想参加一场体育比赛，但必须要等受伤的膝盖痊愈才行，或必须要等某些手续办完才能获得正式的参赛资格。不难看出，日常生活的时间结构非常复杂，其原因在于，在经验层面上所表现出的不同层次的时间性始终相互关联。

日常生活的时间结构对我来说是一种必须估量的现实；也就是说，我需要尽量使自己所做之事与其同步。在日常现实中，时间是连续的、有限的。我在这个世界中的所有存在始终遵循一种时间的秩序，都是由时间来封装（enveloped）的。我的个人生活只是外部人造时间流中的一个小篇章，我生它已在，我死它仍在。我知道自己肯定会死，所以时间**对我来说**是有限的。我只有一定额度的时间来完成自己的事情；明白了这一点，我对这些事情的态度就发生了改变。不仅如此，由于我并不想死，我要做的事情就被注入了潜在的紧迫性。我不可能永远活跃在运动场上，我知道自己在变老，这甚至可能是我在运动场上的最后一次亮相。时间的限制性决定了我在等待某事时的焦急程度。

如前文所述，时间结构也具有强制性。我不可能随意更改它赋予我的事物的秩序。"事有先后"，这是日常知识的基本元素。在结束某个教育项目之前，我不可能参加考试，而不参加考试就不可能去上班，以此类推。与此同时，时间结构也提供了一种历史性，它决定了我在日常生活世界中的处境。我在特定日期出生、特定日期上学，又在特定日期参加工作，等等。然而，这些日期都"位于"一个更为广阔的历史背景中，它们的"位置"决定性地塑造了我的处境。我出生在银行大破产之年，那年父亲失去了他所有的财富；我刚好在革命发生之前上学；我在大战爆发后参加工作；等等。日常生活的时间结构不仅事先规划了我每一天的"日程"，而且凌驾于我的全部人生。在时间结构设定的这些坐标中，我获得了对每天的日程和整个人生的理解。事实上，钟表和日历确保了我是"时代之子"（man of my time）。只有在这一时间结构中，日常生活才能向我展示它的现实特质。因此，当我因为某些原因（比如遇到车祸失去了意识）在日常生活的时间结构中"迷失"（disoriented）之时，我会几近本能地寻求"重新定向"（reorient）。我会看看手表，尝试记起今天是什么日子，借助这些行为来重回日常生活现实。

第二节　日常生活中的社会互动

我们与他人共享着日常生活现实，但是日常生活中的"他人"是如何被我感知的呢？同前文的讨论类似，对于这种关于"他人"的经验，我们也能区分出几种不同的模式。

最重要的他人经验出现在面对面的情境中。这类情境是社会互动的原型，所有的社会互动都是由它派生出来的。

在面对面的情境中，我与对方共享着一个生动的当下，对方身处其中，"共现"（appresented）在我的面前。对于对方来说，我也以同样生动的方式"共现"在他的面前。关于这一点，我自己也清楚。只要这种面对面的情境持续存在，我和他人的"此地此时"就一直相互碰撞，在我和他人之间就存在着持续的表现性（expressivity）交换。我看到他在笑，随后又看到他因为我皱眉而不再笑，然后我笑了，他也再一次笑了，如此等等。我的每一个表现都是针对他的，反过来他也一样。这种表现的交互性是我们二人可以同时感受到的。这就意味着，在面对面的情境中，我们可以最大程度地获取各种征候（symptoms），从而把握住对方的主体性。当然，我很可能会误解一些征候，比如我觉得某人在微笑而事实上他只是在佯笑。尽管如此，也不会有其他的社会关系形式能像面对面的情境一样，提供如此丰富的主体性征候。只有在这时，他人的主体性才与我格外"亲近"。与之相比，其他所有的方法都多多少少使他人显得"疏远"。

在面对面的情境中，他人是完全真实的。这是日常生活整体现实的一部分，沉甸甸且不可抗拒。当然，就算我没有与某人面对面地打过交道，他对我来说可能也是真实的，因为我了解他的名望，或是我曾与他通信。然而无论如何，那份全然真实的感觉只有在我与他面对面时才会产生。事实上甚至可以说，对我来讲，在面对面的情境中，他人比自己显得更为真实。当然，我对他人了解得再多也比不上对自己的了解，我在获得自己的主体性时所采取的方式是不可复制的。他人就算与我再"亲近"，我也不可能以同样的方式来把握他的主体性。我可以在记忆里见证自己的全部过去，却永远不可能重获他的过去，哪怕他对我讲了再多他的故事也无济于事。然而，这种对于自我的更深入认识需要通过反思才能获得，它不会直接"共现"在我的面前。与之相比，面对面地认识他人就完全不同了。在这种直接的情境中，我始终清楚"他是干什么的"，不需要任何反思，而"我是干什么的"就**不**太一样了。一旦把后一问题拎出来，我就得停下，阻断（arrest）自我经验中持续存在的自发性，并把注意力刻意放回自己身上。更进一步来说，这种自省常是由**他人**对我的某种态度所引起的，很像是一种对他人态度的"镜像"反馈。

在面对面的情境中，我与他人的关系保持着很高的灵活度。反过来说，如果要给面对面的互动强加固定模式，会非常困难。不管引入什么样的模式，它都要遭遇人与人之间诡谲多变的主观意义交流，从而需要不断被修正。我可能会认为某个人天生对我有敌意，根据这种理解，我就对他开启了"敌意模式"。然而在面对面时，此人对我的态度和行为与我的"敌意模式"也许会发生矛盾，矛盾甚至有可能大到让我不得不放弃"敌意模式"：它根本不适用，我需要对人家友好一点儿。这个例子说明的是，在面对面的情境中，当对方的主体性展现出丰富的证据时，原有的模式就难以维持了。相反，如果我没有和对方面对面交流，就算有类似的证据，我也容易将其忽视。即使在通信这种相对还算"亲近"的关系中，我也很容易忽略对方的友好表示，并不将其视为对方真实的主体态度，这是因为在信件来往中，我无法获得来自对方的即时、持续和真实无比的表达。当然，就算是在面对面交流中，我也有可能误解对方的意思，因为对方也许"虚伪"地隐藏了自己的真实想法。然而，在面对面时，无论误解还是虚伪，都要比在相对疏远的社会关系中更难维持。

从另一方面来讲，即便在面对面的情境中，我也会通过"类型化图式"（typificatory schemes）来理解他人。相对于"远距离"交往来说，尽管此时的"类型化图式"更易受到对方的干扰，但我仍需使用它。换句话说，虽然为面对面的情境强加固定模式较为困难，但只要这种情境属于常规的日常生活，那么它从一开始就势必是模式化的（这里我们暂不考虑日常生活中毫无交集的陌生人之间的交往）。日常生活现实包含了一些类型化图式，在面对面的互动中，我们依据这些图式来理解他人、对待他人。例如我把对方理解为"一个人""一个欧洲人""一个买家""一个快活的人"，等等。这些类型不断地影响着我与对方的互动，比如我在谈生意之前，会先带对方去找找乐子。除非把这些类型套在对方身上时出现了问题，否则我们之间的面对面互动就会依照这些类型而呈现出模式化的特征。也许我会发现，他不仅是"一个人""一个欧洲人"和"一个买家"，而且是一个自以为是的卫道士；他在刚见面时看上去乐呵呵的，但那其实是在表达一种对美国人，特别是美国商人的蔑视。显然，此时我的类型化图式就得改变了，随之要改变的还有今晚的计划。如果类型化图式并未遭遇此类挑战，那么它就会一直维持着，并将决定我在具体情境中如何行动，直到出现一些异常信号。

当然，面对面情境中的类型化图式是双向的。与我一样，对方在理解我时也使用类型化的方法，我是"一个人""一个美国人""一个商人""一个爱奉承的家伙"，等等。当然，他的这些图式也易受到对方，也就是我的影响。换句话说，在面对面的情境中，我与对方的两组类型化图式持续不断地"协商"。在日常生活中，这种协商本身也可能被预先类型化了，比如我们二人之间的互动可以被视为买家与卖家之间典型的讨价还价过程。因此，在绝大多数时候，我在日常生活中与他人的交往都体现为双重意义的类型化：一方面，我把他人**视为**一种类型；另一方面，我们的交往情境也是类型化的。

当然，所有的类型化都带有原生的匿名性（incipient anonymity）。当社会互动越来越远离面对面的情境时，类型化的匿名性会越来越强。假设我把我的朋友亨利归入 X 类（如英国人），那么我事实上认可了，至少亨利的某些行为符合 X 的特点。例如他的饮食习惯体现了典型的英国人的特点，或者还包括他的行为方式、某些情感反应，等等。这就意味着，亨利身上的那些特点和他的行为属于英国人这一类型中的**所有人**，也就是说，此时我是以匿名的方式来理解亨利的这些表现的。不过，只要我的朋友亨利在与我面对面沟通时充分表达了自己，他就会持续不断地突破匿名英国人的类型，表明自己的独特性，从而成为非类型化的个体，即我的朋友亨利。这种个体化的过程并不总会出现，在以下情形中，匿名的类型化就不受太多影响：当面对面的互动是过去发生的（我的朋友亨利，**英国人**，我在上大学时与他来往），或是浅层次的、短暂的（一个在火车上与我聊过几句的英国人），或从未发生过（我在英国的商业对手）。

因此，直接性（directness）和间接性（indirectness）就是日常生活中"他人经验"的重要特质。任何时候我都可以区分出面对面打交道的人和泛泛的同代人（contemporaries），后者包括那些我只是有点记忆或只是听说过的人。在面对面的情境中，我能获得对方的行动、品行以及其他方面的直接证据。但如果是同代人，那就不可能了，对这些人我没有多少可靠的认识。此外，在面对面的情境中我必须顾及对方的感受，而对同代人来讲，尽管有可能，但我不一定要考虑那么多。同代人的匿名性更强，其原因在于，当我与面对面的人打交道时，对方会表现出很多生动的征候，它们不断"填充"着我原本使用的类型化图式，使我意识到眼前是一个具体的人，从而削弱了交往的匿名性。

当然，我们的分析并未就此结束。对于不同的同代人，我的体验也有明显的区别。有一些人（比如我的朋友亨利），我一次又一次地见到并且预期会继续经常与其碰面；另一些人（比如在街上与我擦肩而过的金发女郎），我只在过去的某次碰面中才能**记起**她是一个具体的人，这种碰面是短暂的，而且不太可能重来；还有一些人（比如我在英国的商业对手、英国女王等），我**知道**他们是具体的人，但我只能借助匿名程度或高或低的组合类型来识别他们。对最后一种人我还可以进一步做出区分，他们中的一部分（我在英国的商业对手）有可能成为我的面对面互动对象，另一部分（英国女王）仅在理论上可以但实际上不可能成为我的面对面互动对象。

除了以上所讲的因素外，日常生活中"他人"的匿名程度还取决于另外一个因素。我常在街角看到卖报纸的小贩，就像见到我妻子一样频繁。但是他对我来说并不重要，我和他没有亲密关系,他对我来说很陌生。我对某人有多大兴趣,我和某人有多亲密,这两方面共同作用,影响着匿名性的强弱。当然,它们对匿名性的影响也可能是各自独立的。也许我与网球俱乐部中一些会员的关系颇为亲近,却与自己的老板保持着非常官方和正式的关系。然而,尽管前者不可能完全匿名,但是他们可以被划入"球场上的那伙人"这一范畴,而我的老板是一个凸显的个人。有时候,匿名性会接近百分之百,就像"《泰晤士报》的读者",这种类型化压根儿就没有个人化的必要。最后,随着"类型化"一词范围的扩大,匿名性也会增强,比如"英国的社会舆论"。

因此,日常生活的社会现实可以被理解为"类型"的一种连续体,越是远离"此地此时"的面对面情境,"类型"的匿名性就越强。在连续体的一端是那些经常与我在面对面情境中深入交流的人,他们可以说是我的"内部圈子"(inner circle)。在连续体的另一端是那些具有高度匿名性的抽象类型,从本质上看,他们永远不可能与我发生面对面的接触。连续体中的所有类型汇聚到一起,搭建起社会互动的循环模式,社会结构由此形成。可以看到,社会结构是日常生活现实中的一个重要元素。

此外,我们还需简单补充一点:我和他人的关系并不局限于我的交往圈子和我的同代人,我与先人和后人之间也有社会关系。他们处于我所在社会的整体历史中,或者先来,或者后到。与那些过去和我有交情的人(比如我已故的朋友亨利)不一样,我与先人通过一些高度匿名化的类型发生联系,比如"我那移民过来的曾祖父母",还有匿名程度更高的,比如"美国的开国元勋"。不难理解,我与后人之间的类型化联系体现出更强的匿名性,比如"我孩子的孩子""我的后代"。这些类型在本质上都是空白的投射(empty projections),几乎没有任何个人化的内涵。先人和后人不同,他们尽管相当神秘,但多少拥有一些内涵。不过总的来看,这两种类型的匿名性并未妨碍它们成为日常生活现实中的元素,有时候它们甚至发挥着极具决定性的作用。要知道,为了忠于开国元勋,或是为了子孙后代,我可能会牺牲自己的生命。

第三节 日常生活中的语言与知识

人的表现性可以被客体化,也就是说,它通过人类活动的产品展现自己。作为人类共处世界的构成物,这些产品既可以为它们的制造者所用,也可以为其他人所用。这些客体产品多多少少都具有持久性。作为一种指标(indices),它们延展了制造者的主体过程(subjective processes):在面对面的情境中,这一过程为人们直接理解;超越了这一情境,它依然能够留存。举个例子来说,在面对面时,"愤怒"这种主观态度可以通过多种身体指标表达出来,比如面部表情、身体姿态、手足的特定动作,等等。之所以说面对面的情境可以为我提供进入对方主体性的最佳机会,正是因为在此时,我可以持续不断地获得这些身体语言。

离开了面对面的生动场景，这些身体指标就不复存在了。然而"愤怒"是可以被客体化的，一件武器就能做到。比方说我和某人发生了争执，对方对我表示出强烈的愤怒。当天晚上，我突然醒了，只见一把匕首插在我床头的墙上。作为一个物体，这把匕首传达出了对方的愤怒。即便他掷出匕首时我正在睡觉，即便他在差点儿得手后立刻跑掉而我根本没看到他，这把匕首也使我感受到了对方的主体性。事实上，假如我当时不管它，然后第二天早上又看到了它，此时它仍然能够向我传达出投掷人的愤怒。而且，若有其他人看到了这把匕首，他们也会得出同样的结论。换句话说，墙上的这把匕首已经成为我与对方以及其他人所共享的现实中的一种有效的客体成分。想来这把匕首并不是为刺杀**我**而专门制造出来的，然而，无论是出于愤怒，还是出于其他一些实用的考虑（比如猎食），它都传达出暴力的主观意向。在现实世界中，武器这种东西始终象征着一种使用暴力的泛化意向，所有懂得武器是什么的人都会赞同这一点。因此，武器既是人类的产品，也是人类主体性的一种客体化。

日常生活现实中不仅随处可见客体化的踪迹，而且只有借助客体化，日常生活现实本身才有可能产生。我的身边到处都是"述说"（proclaim）着别人主观意向的物体。当然，要识别一个物体究竟在"述说"什么并不是那么容易，如果它的制造者是我在面对面情境中不熟悉的人甚至是完全不知道的人，我就很可能会遇到困难。任何一个民族学家或考古学家都能轻松地举出几个这样的例子，然而他们**能够**克服困难，在一个人工制品中重建某个已消失千年的社会中的人们的主观意向，这极好地佐证了人的客体化所具有的持久力量。

有一种特殊但极其重要的客体化，这就是符号化（signification），即人类社会对符号的生产。与其他的客体化相比，符号的独特性在于它把刻画主观意义当作自己的明确任务。当然，即便一个客体不是依循这种目的而被创造的，它也有可能被用作符号。例如，武器的最初出现可能是因为狩猎的需要，可后来它变成了一个代表攻击和暴力的符号（比如在某些仪式中）。然而，有的客体原本就明确地作为符号而出现。假设我的敌人没有向我扔匕首（他大概是想杀我，但也许只是想通过扔匕首来表明杀掉我的可能），而只是在我的门上画了一个黑色的 X，这个符号就意味着我和他进入了正式的敌对状态。这个 X 标示出了画它之人的主观意义，但除此之外，它并没有别的含义。在他、我以及其他人所共享的现实中，这个符号也是有效客体。我理解它的意思，其他人也理解，而对于它的制造者来说，他在画 X 之时的本意，也借助这一客观符号得以传达。从上面的例子可以清晰地看到，在某些客体的工具性使用与符号性使用之间存在着很强的流动性（fluidity）。在巫术等特殊情境中，这两种使用还能有趣地融合，不过这就不属于我们要讨论的内容了。

不同的符号会聚集成各种系统，因而我们可以见到手势符号系统、身体运动模式系统、各种人工制品系统，等等。作为客体,符号和符号系统能够超越"此地此时"中的主观意向表达,并使其得到有效的客体化。就算是那些需要身体参与的符号,也具有这种"可分离性"(detachability)。因此,跳一段表达攻击意向的舞蹈,与勃然大怒时的咆哮或握拳,就完全是两码事。后者在"此地此时"表达出我的主体性,而前者很可能完全脱离了主体性,因为那时我可能压根儿就不带有怒气和攻击性,而只是由于某个**正**处于愤怒状态的人付钱给我,让我来跳这样一段舞而已。换句话说,借助一种方式,舞蹈可以与舞者的主体性分离,这在咆哮与咆哮者之间就**做不到**了。在这里,舞蹈和咆哮都是身体表现性的展现,但是只有前者表现出有效客体化符号的属性。符号和符号系统都具备"可分离性",但是到底能在多大程度上与面对面的情境相分离,不同的符号和符号系统会表现出差异。在意指同样的主观意义时,舞蹈的"可分离性"显然不如一件人工制品。

37　　语言可以被定义为声音符号的系统,它是人类社会最重要的符号系统。语言植根于人类的声音表现器官的天生能力,但只有当声音的表现性从"此地此时"的即时主体状态中分离出来以后,语言才成为可能。单纯的咆哮、嘟囔、号哭、嘘声都不能被称为语言,这些声音的表达只有在被整合进一个有效的客体符号系统时才可能获得语言学意义。日常生活中比较常见的客体化基本上都需要用语言的符号化来维系,日常生活其实就是我和他人所共享的一种语言生活。因此,要理解日常生活现实,理解语言就是根本所在。

语言源于面对面的互动，但它要摆脱后者绝非难事。我可以在黑暗中（或冲着远处）大喊、拿着电话或对讲机说话、通过写作传递语言符号（这是一种二级符号系统）。除此之外，语言的"可分离性"更主要地体现为它可以脱离"此地此时"直接的主体性表达来传递意义。其他符号系统也具备这种功能，但是语言自身无限的多样性和复杂性使得它比其他任何系统（比如手势符号系统）都更易摆脱面对面情境的限制。我可以谈论许多根本没有在面对面情境中出现的事情，包括那些我从未经历过和永远不会经历的事情。在这个意义上，语言就有潜力成为一个客观世界的仓库，用以堆放丰富的意义和体验。仓库把这些物品及时保存下来，并传递给下一代。

在面对面的情境中，语言保有一种内在的交互性，这一点将它同其他符号系统区分开来。在交谈中，声音符号被不断地制造出来，它与谈话者绵延的主观意向之间能够保持灵敏的同步。我边想边说，我的对话者也一样。我们几乎同时听到彼此所说的话，这使我们得以用一种持续、同步和交互的方式进入双方的主体内部，达到一种面对面的主体亲近，这是任何其他符号系统都做不到的。更进一步来讲，我能听到**自己**在说话：我客观地、持续地获得了自己的主观意义，于是这一主观意义在我的眼中变得"更加真实"。在前文中我们曾经提到，在面对面的情境中，我对对方的了解会"胜过"对自己的了解。前文也解释过这一看似矛盾的现象,其原因是,在面对面时,对方的存在能以一种凸显的、持续的和前反思的方式为我所认识,可是在认识自己时,我必须要进一步地反思。然而,在语言加入之后,情况就不太一样了,此时我自己的存在被我所说的语言客体化了。在我的眼中,它变得庞大、持续,就如同对方在看我一样。这就使我能够自发地响应自己的主体性,无须费力反思来"打断"交谈。因此我们可以说,对于我的交谈对象以及我自己来讲,语言都使我的主体性"更加真实"了。而在离开了面对面的情境后,语言依然能保持将我自己的主体性予以结晶和稳定(尽管会有些修正)的能力。"人们必须谈论自己,直到他们了解自己为止。"这句话很好地揭示了语言的上述重要特质。

  语言源于日常生活,又紧扣日常生活。它主要指向我在意识完全清醒时所体验到的现实。这种现实被实用动机(一种直接指向现在或将来的行动的意义集合)所主导,并由我想当然地和他人共享。虽然语言也可以同其他现实发生关联(稍后将对此展开讨论),但它始终扎根于日常生活的常识现实。作为符号系统,语言具有客体性。在我面前,语言是一种外在的事实,对我具有强制性。我必须遵守语言自身的模式。说英语的时候我不可能用德语的语法;与家人以外的人交谈时,我不可能用我三岁儿子发明的那些词语;在不同场合中我必须考虑适宜的说话方式,就算我很喜欢自己的私人腔调,也得照做。我不断展开的经验(unfolding experience)需要持续地被客观化,而语言为这一过程提供了现成的可行办法。换句话说，语言有着极其灵活的扩展性，以致我在人生道路上获得的一切丰富的经验，都可以通过语言来实现客体化。语言还能对经验进行分类，于是我就把经验归入更广义的范畴，从而使它们对于我和我的互动对象都有意义。经过语言的分类，经验也被匿名化了。这是因为，任何身处同样范畴的人在遇到问题时大都可以复制之前的类别经验。比方说我和丈母娘吵了一架，这一具体而主观的独特经验从语言学上来说可以被归入"丈母娘的麻烦"这一范畴。通过这样的分类，我的那些经验对我自己和其他人都具有了意义，我的丈母娘大概也能弄明白。这一分类同时带有匿名性。我之外的**任何人**（准确地说是那些可以被归入"女婿"范畴的人）同样可能遇到"丈母娘的麻烦"。在这个意义上，我的人生经验被不断归入一种普遍的意义体系，而这种体系无论在主观还是客观层面都是真实的。

由于语言能够超越"此地此时"，因此它能够跨越空间、时间和社会的多个维度，在日常生活现实的不同部分之间搭建起桥梁，并把它们整合为一个意义整体。通过语言，我可以打通自己的操控领域与他人的操控领域，我可以让我的人生时间与他人的人生时间保持同步，我能和他人讨论那些眼下处于面对面情境之外的个人或群体。借助这些类型的跨越，语言就把那些原本在空间、时间和社会维度上远离"此地此时"的事物"在场化"（making present）了。事实上，浩繁的体验与意义都可以在"此地此时"中被客观化。简言之，借助语言，整个世界随时都可以展现为现实。即便此时我并未与他人交谈，语言也保有这种超越和整合的能力。依托于语言的客观化，就算我在自言自语，我也可以随时获得全世界的景象。就社会关系来讲，语言不仅可以把那些当下并不在我身边的人"变得在场"，还可以把我的虚虚实实的记忆中的那些人物以及我的未来想象中的虚构人物全都带到我的眼前。显然，在绵延的日常生活现实中，这些"存在"于我眼前的事物都可能有着丰富的意义。

更进一步来讲，语言还有可能彻底超越日常生活现实。它能处理有限意义域的经验，并能跨接（span）各个散落的现实领域。例如，我可以将梦与日常生活秩序相整合，用隶属于后者的语言来解释前者的意义。这种整合将梦境这一离散现实转置（transpose）到日常生活现实之中，将前者变为后者的一块飞地。这样一来，梦的意义就不再来自于梦自身的离散现实，而是来自于日常生活现实。在某种意义上，这种转置所创造出的飞地同属于这两种现实，它位于一种现实中，又指向另一种现实。

任何跨接着不同现实领域的重要语言题材，都可以被界定为"象征"（symbol），用以实现这种跨接的语言模式就被称为"象征语言"（symbolic language）。一旦运用了象征手法，语言的符号化就在最大程度上远离了日常生活的"此地此时"，语言就跃升到了日常体验在经验层次和先验层次都无法企及的界域。于是语言就修筑起了象征性表征的宏伟大厦。对日常生活来说，它们高高在上，像是来自另一个世界的庞然大物。从历史上来看，宗教、哲学、艺术和科学是此类象征系统（symbol system）中最重要的部分。从"象征系统"一词中已然能够看出，尽管这些系统的建立需要在最大程度上远离日常经验，但它们可以对日常生活现实发挥极其重要的作用。语言不仅可以在日常经验中建立高度抽象的象征，而且可以把这些象征作为客观、真实的元素带回日常生活。如此一来，在日常生活现实以及人们对它的常识理解中，象征手法和象征语言都成为重要的组成元素。"我"每天都生活在符号**和**象征的世界中。

语言搭建起意义的语义场或语义区，它们有着语言学的边界。词汇、语法和句法遵循这些语义场的组织规则。语言建立起分类图式，比如用"阴阳性"（"gender"，这个词与 sex 显然不同）或数字来区分物体；语言建立起不同的形式，用来区分关于行动的陈述与关于状态的陈述；语言建立起不同的模式，用以表明不同的社会亲密程度；诸如此类。例如，在某些语言中，人们以代词来区分亲密用语与正式用语（像法语中的 *tu* 和 *vous*，德语中的 *du* 和 *Sie*），这种区分就给出了一个语义场的坐标，这个语义场可以被称为亲密关系域。这里便是 *tutoiement* 或 *Bruderschaft* 的世界，它汇集了丰富的意义。这些意义能够源源不断地为我所用，使我能够将自己的社会经验安排有序。对说英语

> *Tutoiement*，法语的意思是"以你相称"，意味着一种亲密关系；*Bruderschaft*，德语的意思是"兄弟情谊"。这两个词分别标定了法语和德语中关于"亲密关系"的一种语义场。

的人来讲，也存在着类似的语义场，只是它受到的语言学限制更多一些罢了。我们也可以举另一个例子——与我的职业有关的所有语言客体构成了另外一个语义场，它使我日常工作中的所有常规事务都得到了有意义的安排。在这个语义场中，个人经验和历史经验都可以被客观化，并被保存和积累。当然这种积累是选择性的，因为语义场决定了个人和社会的总体经验中哪些被保存、哪些被遗忘。通过这种积累，一个社会知识库（social stock of knowledge）就形成了。它代代相传，被日常生活中的个人所继承。我生活在日常生活的常识世界中，这个世界装载着各类知识体系。我也知道，他人至少与我分享着这些知识的一部分；而对于我的这种"知道"，他人也会知道。因此，我和他人共同进入可用的社会知识库，这会对我们的互动产生一种持久的影响。

社会知识库包含着与我的处境有关的知识，也透露出我可能遭遇的限制。比如我知道自己很穷，因此不指望住在高档的郊区。对于这种知识，穷人和富人当然都懂。当个人进入社会知识库时，就能为自己在社会中找到"定位"，并有可能以适当的方式来应对。那些没有共享社会知识库的人就不可能这么做。一个外国人有可能根本不把我当成一个穷人，因为在他的社会里，贫穷的标准有可能完全不同：我穿着鞋子，看上去也不饿，这种人怎么会是穷人呢？

由于日常生活为实用的动机所主导，因此，那些仅有实用功能的处方知识（recipe knowledge）就在社会知识库中占有显著地位。每天我都出于自己特定的实用目的来使用电话，我知道怎么用，我也知道在电话出问题时该怎么办（不是说我会修电话，而是说我知道此时该去找什么人帮忙）。关于电话我所拥有的知识还包括对更大范围的电信系统的了解，比如我知道有些人有保密号码，比如在特殊情况下我能和两条线路上的人同时通话，比如要给在香港的某人打电话我得先算算时差，等等。这门"电话学问"就属于处方知识，因为它只是基于眼下或将来可能的实用目的来告诉我该做什么，除此之外它什么也干不了。我对电话的工作原理并不感兴趣，对电话技术背后的海量科学和工程知识不感兴趣，对电话的其他用途也不感兴趣，比如怎样用电话和无线短波来实现海上通信。与之类似的是，我对人际关系的运作也有一套处方知识。我明白申领护照时该做什么，此时我关心的只是过几天能拿到护照，至于政府部门如何处理我的申请、谁来处理、批准要经过什么程序、谁在文件上盖什么章，我都不关心，也不知道。我并不是要研究政府运作机制，只是要出国度个假而已。只有在我最后没拿到护照时，我才可能关心起护照申领程序背后的事情。就像在电话坏了时我会找修电话的技术人员一样，此时我会去找申领护照方面的专家，比如律师、我们选区的议员或者美国公民自由联盟。社会知识库中的许多内容稍加调整就可以为解决日常问题提供"处方"。通常来说，只要问题能顺利解决，我就不会对必需知识以外的东西感兴趣。

社会知识库依据不同的熟悉度来区分现实。对于我在日常生活中经常要处理的那些事情，社会知识库提供了复杂、详尽的信息。对于那些我感觉较生疏的事情，它只提供了一般性的粗略信息。因此，我对自己的工作世界有详尽的了解，而对他人的工作世界就知之甚少。社会知识库还为日常生活的主要事务提供了类型化图式，它不只是前面提到的有关他人的分类，而且是对社会和自然中所有事件和经验的分类。因此我生活在一个由亲戚、同事和可见的公共职能部门所组成的世界中。在这个世界里，我有参加家庭聚会、出席专业会议和遇到交警等体验。这些事情的自然"背景"（backdrop）也是在知识库中被分类的。天气好和天气差时我该做什么，过敏季节我该做什么，眼睛里进了沙子时我该做什么，诸如此类的事情构成了我所处世界的结构。社会知识库以一个整体的形式呈现在我面前，从而使我能够将自己的零散知识整合起来。换句话说，"大家都知道"的事情有它自己的逻辑，而这种逻辑可以被用来安排我所知道的各种事情。我知道我的朋友亨利是英国人，也知道他一向很守时。由于"大家都知道"英国人的守时习惯，这样我就可以把自己所了解的有关亨利的两点情况整合为社会知识库中的一个类型。

　　我和他人都理所当然地接受日常生活知识的有效性，直到有什么问题冒出来以致我们无法运用这些知识来解决问题时，情况才可能有所变化。只要这些知识表现良好，我就不会对它们提出质疑。在某些脱离日常生活的情态（attitudes）中，如讲笑话时，或是在剧院和教堂里，或是在进行哲学沉思时，我可能会对日常生活知识提出一些质疑,但是这些质疑都不会太认真。作为一个商人,我知道做买卖时应该服从重利轻义的准则。若是有人讲了个这一准则导致败局的笑话,我可能会大笑。我可能会被一个颂扬关心他人的美德的演员或牧师打动。我也可能陷入一种哲学心境,承认人们应当在社会关系中服从道德金律。但是,在笑过之后、被打动之后和进行哲学思考之后,我就回到了商业的"严肃"世界,再次认可商业界的准则,并照此行事。只有在这些准则失效、我在原本执行这些准则的世界中碰壁的时候,它们才有可能在我眼中成为真正的问题。

虽然社会知识库将日常生活世界作为一种整体来共现,并依熟悉程度和距离远近来划分现实,但日常生活世界在总体上仍是不透明的。换句话说,日常生活现实总是以一种清澈的方式呈现自己,在其背后却是一片黑暗。当现实的某些区域被点亮时,其他区域就被遮蔽了。我不可能了解这一现实中的一切。举个例子来讲,即使我在家里是个看上去无所不能的独裁者,我自己也知道这一点,我也不可能了解要维持这一独裁所需的所有条件。我知道家人服从我的命令,但是在发布命令和执行命令之间存在的所有步骤或动机是我不可能完全明白的,总会有些事情发生在"我的背后"。当涉及的社会关系比家庭关系更复杂时,这一点就更不用说了,这就附带地解释了一个现象:为什么独裁者总是焦虑不安。我的日常知识就像一件工具,它在丛林中为我开出一条道路,随后就有窄窄的一束亮光投向我的前方与脚边,而路的其他地方仍是一片黑暗。这种比喻当然也适用于其他位于日常生活之上的多重现实，改用一种未必到位却富有诗意的讲法，覆盖着日常生活现实的，是人们的梦的半影（penumbras）。

我的日常知识具有关联结构（relevance structure）。它们中的一部分由我个人直接的实用旨趣所决定，另一部分由我在社会中的大体位置所决定。只要能照常吃到爱吃的炖牛肉，我就不会去关心我妻子是怎么把它做出来的。这种涉及无关知识的例子很多：某家公司股价正在下跌，可我没有这家公司的股票；天主教正在对教义进行现代化改革，可我是个无神论者；现在去非洲有可能直飞而无需经停，但我根本就不想去那儿。不过，我的关联结构与他人的关联结构会有许多交叉点，因此我们彼此间就有一些有趣的东西可以交流。在我的日常知识中有一个很重要的部分，就是关于他人的关联结构的知识。因此我不会蠢到去和医生讨论我的投资问题、去和律师讨论我的溃疡、去和会计师讨论我对宗教真理的探索。社会知识库为我提供了现成的、与日常生活有关的基础关联结构。作为男人，我知道"女人话题"与我无关；作为一名实干家，我知道"胡思乱想"与我无关；以此类推。除此之外，作为一个整体，社会知识库也有它自己的关联结构。因此，就美国社会的客观知识库来讲，用占星术来预测股票市场是一个无关行为，而根据一个人说漏嘴的话来研究他的性生活就是一个有关行为了。反之，在其他社会中，占星术可能与经济学高度相关，而语言分析与情色偏好就没什么关系了。

最后要提及的是知识的社会分配。我在日常生活中所接触的知识都经过了社会的分配，也就是说，不同的个体和不同类型的人会拥有不同的知识。我不可能拥有与他人完全一样的知识，有些知识可能只有我自己才拥有：我和同事而非家人共享着专业知识，而只有我自己才知道打牌时如何作弊。对于日常现实中的某些元素来讲，知识的社会分配可能非常复杂，甚至让局外人摸不着头脑。我不仅不掌握治疗自身疾病所需的那些知识，甚至可能不知道自己应该看哪一科。在眼花缭乱的科室中，究竟哪儿的医生有资格给我提供治疗方案呢？在这种情况下，我不仅需要专家的建议，还需要专家对于专家的前建议。因此，知识的社会分配就从一个简单的事实出发，即我和他人彼此间都不可能完全掌握对方拥有的知识，最后到达顶点，即极端复杂、神秘的专业技能系统。社会知识库中的知识究竟是如何被分配的，这本身也是一种知识。即便只是概括性的描述，它也是隶属于同一个知识库的重要元素。在日常生活中，我至少粗略地知道，对某人我可以隐瞒什么东西，对于不清楚的事情我可以找谁来获取信息，以及更宽泛一些，哪一类人应该会有哪一类知识。

第二章　作为客观现实的社会

经典名句

◆ 对一个孩子来说，语言属于事物的内在本性，他无法把握语言的"习俗"特征。一个事物就是它的名称，它不能被叫作别的东西。所有的制度都以这样的方式出现。它们是给定的、不变的和自证的。

◆ 社会的整体秩序可以被想象成一个小宇宙，它是上帝按大宇宙的样子造出来的。无论"下面"发生了什么，都只不过是"上面"所发生的事情的苍白投影。

◆ 然而只要"陌生的东西"突破了界限，本来偏常的世界也成了自己人的一种彼岸时，麻烦就会出现了。到了这个时候，传统的专家就很可能要召唤"火与剑"了。

第一节　制度化

一、有机体与活动

在动物王国中，人类占有一个独特的位置。①与其他高级哺乳动物不同，人类不拥有种属特异环境（species-specific environment），②也就是说，并不存在一个基于人类的本能组织（instinctual organization）所构造的稳固环境。我们有时候会提到"狗的世界"或"马的世界"，但没有同种意义上的"人的世界"。尽管动物个体能够进行一定的学习和积淀，但无论是一条狗还是一匹马，它与所处的环境之间都有一套基本固定的关系，这个环境由它与所有同类共享。由此我们就能得出一个很自然的结论：与人类相比，狗和马更易受到地理条件的约束，服从特定的地理分布。不过，所谓动物环境的特异性，要远远超出地理限制的范畴，它指的是在物种与环境所形成的关系之中那些不变的生物特质。哪怕地理条件有所改变，它也不受影响。在这个意义上，除人类以外的其他所有动物，无论是种群还是个体，都生活在一个封闭的世界中，这个世界的结构由每个种属的生物机能（biological equipment）预先决定。

与之相比，人类与自身所处环境的关系具有世界的开放性（world-openness）。③人类成功地安居在地球上的大片区域，而且不管在哪里，其与周围环境之间的关系架构都和自身的生物构造（biological constitution）很不匹配。虽然人类的生物构造赋予了他们从事一些活动的能力，但是生物性过程不能解释人类为何能够在某地一直过着游牧生活而换到另一个地方就能开始从事农耕。当然，我们并不是说生物性不能对人类与其所处环境的关系产生决定性影响，因为很显然，人类活动必定会受到种属特有的感觉和运动机能的限制。比较而言，人类的生物构造真正的独特性在于其本能构件（instinctual component）。

同其他高级哺乳动物相比，人类的本能组织可以说是发展不完全的。人当然具有内驱力（drives），但这些内驱力是高度未分化（unspecialized）和高度无导向（undirected）的。这就意味着人类有机体可以用生物构造所提供的机能来从事范围非常广泛的活动，这些活动的性质和范围可以不断地变化。人类有机体的这一独特性源于其个体发育特征（ontogenetic development）。④事实上，从有机体发育的角度来讲，人类的胎儿期延续到出生后的一年。⑤对动物来说，重要的有机体发育都是在母体里完成的，而对人类来讲，在胎儿脱离子宫之后，这一过程仍在延续。在这个时候，胎儿并不只是**处于**（in）外在世界中，他也以各种复杂的方式与外在世界发生着关联。

因此，在已经与外在环境产生联系的时候，人类有机体依然还在保持生物学意义上的发展。换句话说，成为人的过程是在与环境相互作用的情况下发生的。如果我们意识到该环境既是自然的也是人类的，那么上述讲法就变得很重要了。成长中的人不仅与特定的自然环境相联系，也与一种特殊的文化和社会秩序相联系，后者是由照管他的重要他人（significant others）中转（mediate）给他的。⑥不仅人类胎儿的生存需要依赖特定的社会安排，其有机体发展方向也是由社会决定的。从出生的那一刻起，人类的有机体发展及其大部分的生物学表现，都持续受到社会因素的干预。

在这种双重环境关系中，人的成长在范围与方式上会受到明显的生理限制，但是在应对环境所施加的压力时，人类有机体表现出极强的可塑性。如果考虑到人类的生物构造在面对多种社会—文化影响时所表现出的灵活性，这一点就更清楚了。人的成长方式与人类文化一样表现出丰富的多样性，这是民族学研究中的老生常谈。人（humanness）是一种社会—文化的变量，换句话说，并不存在一种来自稳定的生物学基质、能够决定社会—文化变异的人性（human nature）。在人类学常量（如世界的开放性或本能结构的可塑性）的意义上，只有当这些常量决定了人类的社会—文化构造（formation）的可能性和边界的时候，才可以谈人性的存在。人要被具体地塑造为什么样子，是由社会—文化构造所决定的，而后者的诸多变异，都在此过程中得以体现。虽然人具有天性这种说法不无道理,但更有价值的说法是,人建构了自己的本性,或者更直白点儿,人创造了自身。⑦

人类有机体的可塑性以及它易受社会影响的特点,在关于性的民族学研究中得到了最好的说明。⑧虽然人拥有与其他高级哺乳动物相仿的性驱力,但是人的性具有高度的可塑性。人类的性不仅可以相对地摆脱发情规律,而且在性对象与表达方式上都能做出调适。民族学的证据表明,对于人来说,在性的问题上一切皆有可能。人可以通过性幻想来获得一阵亢奋。他所想象的画面必定符合其他某个文化中的既定规范,或者至少能在某个文化中轻松呈现。如果"常态"(normality)这一术语指的是有人类学基础或是指文化上的普遍性,那么它和它的反义词都不适于描述人类多样化的性活动。当然,与此同时,在每一种特有的文化中,人类的性方式都是有其规矩的,甚至有着严苛的规定。每一种文化都有独具特色的性配置(sexual configuration),有其专有的性行为模式以及自身关于性的"人类学"假设。这些性配置的经验相对性、纷繁复杂性和高度创造性,都说明性是人类自身的社会—文化构造的产物,而非某种不变的生物学人性的结果。⑨

在与环境的相互作用中,人类有机体完成了自身的发展,这一过程恰恰也是人类"自我"的形成过程。因此,要理解自我的形成,就需要与以下两点相联系:一是有机体的持续发展;二是一个社会过程,在这个过程中,重要他人把自然环境和人类环境中转给个人。⑩自我的基因预设诚然在出生时就已给定,但"自我"本身,这一在后来的经验中作为在主客观层面均可被识别的认同而出现的事物,却不是这样。决定着有机体成长的社会过程会制造出独特的、文化性的自我。自我是一种社会产品,这不仅涉及个人在进行自我界定时所用的那些特殊构型(如"男人",在所属文化中,这种身份意味着特定的界定方式和形成方式),也涉及附属于那些构型的复杂心理装置(如"男人般"的情感、态度甚至身体反应)。显而易见,离开了塑造有机体和自我的特定社会环境,我们就不可能充分地理解这二者。

人类的有机体与自我在一种社会决定的环境中共同发展,这种发展涉及人类所特有的有机体与自我之间的关系。这是一种奇特的关系。⑪一方面,人**是**一个身体,这一点同样适用于其他动物;另一方面,人**有**一个身体,也就是说,人感受到自己是一个实体(entity),但这一实体不等同于身体,因为它反过来能支配身体。换句话说,人对自己的体验总是徘徊在"是身体"和"有身体"的平衡之间,这一平衡需要一次又一次地接受校正。人对自己身体的这种奇特体验带来一种特殊后果,即当我们分析人类活动时,必须一方面将其视为物理环境中的行为,另一方面将其视为主观意义的外化。人类学的基础证据表明,要充分说明人类现象,就必须同时考虑这两个方面。

我们应当明白,前面所说的"人创造了自身"这一事实并非暗示着一种普罗米修斯式的孤立个人观。⑫人的自我创造永远是也必须是一项社会事业,人们**一同**打造出一个人类环境以及它所包含的所有社会—文化构造和心理学构造,这些构造都不是人类生物构造的产物。正如前文所说,人类的生物构造只能对人类的生产活动做出外在限制。就像人不可能独自创造出自己一样,人也不可能独自创造出一个人类环境。孤立的个人是一种动物层次的存在(此时人与动物一样),而只要一个人观察到了人类的特有现象,他就进入了社会领域。人类特有的人性与社会性紧密地交织在一起,所谓的"智人"(homo sapiens),必然同样是"社会人"(homo socius)。[13]

人类有机体并不能为人类行为的稳定性提供必要的生物机能。假使人类退回仅凭机体能力存活的状态,人类的生存必定陷于某种混乱。尽管我们可以在理论上想象一下这种混乱的样子,但它实际上并不存在。从实际情况来看,人类的生存有秩序、有方向、有稳定性。这就带来一个问题:人类秩序在经验层面上的这种稳定性究竟从何而来?对于这个问题,我们可以从两个层次来回答。在第一个层次上,一个明显的事实是,对任何有机体的发展来讲,都存在着一个既有的社会秩序。人类的生理构造所内含的那种世界的开放性,总要面对某种先决的社会秩序。也可以这么说,对于人类存在(human existence)来讲,生理构造所内含的世界的开放性必须要通过社会秩序的作用才能转化为相对的世界封闭性(world-closeness)。虽然这种人为制造的、带着"人工"性质的再封闭与动物存在(animal existence)的那种封闭永远不能相提并论,但它确实能在很多时候为绝大多数的人类行为提供导向和稳定性。这样一来，问题就被推向了另一个层次。人们会问：那么社会秩序本身是如何产生的呢？

对于这一问题，最笼统的回答是：社会秩序是人类的产品，或者更准确地说，是一种持续生成的人类产品，人类在持续的外化过程中将其制造出来。社会秩序并不是由人的生物性给定的，也不是从任何生物**代码**（data）的经验展现中推导出来的。社会秩序更不是在自然环境中给定的，尽管此环境中的特定因素会影响到社会秩序的某些特征（例如某些经济或技术安排）。社会秩序并不属于"事物的本性"（nature of things），它也不能由"自然规律"（laws of nature）推导出来。[14]社会秩序**只能**作为人类活动的产物而存在，其他的本体论归因在解释经验展现的问题时都会无可救药地导向一种含糊其辞。不管从起源（过去人类活动的结果）来说，还是从即时表现（只有在持续的人类活动中才能存在）来说，社会秩序都是人类的产品。

虽然由人类外化得来的社会产品独立于它的有机体和环境背景，但我们有必要强调一点，即这种外化在人类学上是一种必然。[15]一个由静止的内在构成的封闭领域对人类来说是不可能存在的。上述人类学的必然性来自人的生物机能。[16]人类有机体的不稳定性使得人不得不为自己的活动提供一个稳定的环境，人类必须使自己的内驱力变得专门化和导向化。生物性的事实是社会秩序产生的必要前提。换句话说，尽管任何现存的社会秩序都不可能来自生物**代码**，但是社会秩序的必然性是由人类的生物机能发展

第二章 作为客观现实的社会 | 069

而来的。

要理解社会秩序产生及其得以维持与传承的原因,我们不能求助于生物学常量,而必须将分析引向制度化理论。

二、制度化的起源

所有人类活动都有可能被惯例化(habitualization)。任何一种行动在被不断重复后都会被铸成一种模式(pattern),人们可以不费力地进行复制。在人们眼中,它**就是**模式。惯例化进一步意味着,人们在未来也能够以同样的方式、同样省力地完成这个行动。无论是非社会性的活动还是社会性的活动,这一点都成立。即便是独自生活在荒岛上的人,也需要将自己的活动惯例化。当他某天早上醒来,继续用木头造独木舟的时候,可能会在开始十道工序的第一道时对自己嘟哝:"我又得开始了。"换言之,就算是独自生活的人,也有属于自己的操控程序。

当然,对个人来说,惯例活动也有意义,只是这种意义被嵌入了他的日常库存知识。[17]它是理所当然的,是应对未来事务时手头可用的东西。惯例化带来的好处是它能在心理层面缩小人们的选择范围。从理论上讲,用木头造独木舟有上百种方法,但是惯例化将其减少为一种,这便将人们从"那么多决策"(all those decisions)的负担中解放出来,为人们无导向的本能结构提供了一种心理上的宽慰。惯例化弥补了人们生物机能的缺陷,使人们的活动变得导向化和专门化,从而缓解了由无导向内驱力的不断积累所带来的紧张。[18]它为人们提供了一个稳定的背景。在这个背景中，人类活动在大多数时候只需最小的决定成本，从而节省了力气，而在某些特定场合下做出同样的决定时，这种力气是节省不了的。换句话说，惯例活动的背景，为人们的思考和创新开启了前景（foreground）。[19]

人赋予自己的行动以意义，在这个时候，惯例化可以让人不必对每一个情境都一步步地重新定义。[20]大量的情境都可以根据预先定义被归类，在这些情境中所进行的活动也因此可被预期。即使是行为的替代物，同样可以被标准化处理。

上述惯例化过程先于任何制度化过程；事实上，任何一个假想中的、远离社会互动的独立个体都可以完成该过程。不过，就算是这样的个体，只要他已经形成了"自我"（就像用木头造独木舟的那个人），那么他在惯例化过程中就需要让自己的活动与自己先前所处的社会制度世界中的生物经验保持一致。不过这里我们不用琢磨这个问题。从经验上看，人类惯例活动的最重要部分与人类活动的制度化是同延的（coextensive）。这就让我们走到了下一个问题：制度是如何产生的？

当不同类型的行动者之间的惯例活动呈现为交互类型化（reciprocal typification）时，制度化就出现了。换句话说，所有这种类型化都是制度。[21]这里需要强调两点：第一，制度类型化具有交互性；第二，制度之中的行动和行动者是类型化的。那些构成制度的惯例活动的类型化都是为人们所共享的，它们**适用于**特定社会群体中的每一个成员，而制度本身对个体行动者和个体行动进行分类。根据制度的指定，X 类型的行动就应当由 X 类型的行动者来执行。比如法律制度可以规定，在指定情况下，罪犯的脑袋应该按照指定的方式被砍下来，而砍头的任务也应由某类指定的人（比如刽子手、不洁种姓的成员、某个年纪的处女、被神谕选定的人，等等）去执行。

制度也意味着历史性与控制力。行动的交互类型化是在共同历史的发展进程中得以建立的，它们不可能即时产生出来。制度有自己的历史，也是这一历史的产物。不了解一种制度产生时的历史进程，就不可能充分理解该制度。制度的存在意味着人类行为受到预定模式的限制。因此，人类行为被引导至某一个方向而非理论上的多种可能方向。需要强调的是，这一控制特性是内在于制度的，它先于与制度配套的任何惩罚机制（mechanisms of sanctions）或与之无关。当然，惩罚机制（其总和就构成了通常所说的社会控制体系）确实存在于许多制度和一切制度的聚合物（社会）之中，但是其控制力是次生的或者说是补充性的。在后文中我们就会看到，首要的社会控制是在制度中实现的。人类活动的某个部分被制度化了，就意味着这一部分已经处于社会控制之中。只有在制度化未完全成功时，才需要额外的控制机制。法律会规定，任何触犯了乱伦禁忌的人都要被砍头。由于确实有人触犯了这一禁忌，因此这一规定是必需的。然而，这一惩罚并不可能被持续不断地激发出来（除非由乱伦禁忌所勾勒的这套制度自身正在解体,这种特殊情况我们暂不考虑),因此,如果说人类的性行为是通过砍掉某些人的脑袋来被社会控制的,就没说到点子上。与之相反,人类对性行为的社会控制乃是通过特定历史进程中的制度化来实现的。进一步来讲,乱伦禁忌本身无非就是类型化集合的消极一面,它本来就是在规定什么样的性行为是乱伦,什么样的不是。

在实际生活中,制度通常展现在由很多人所组成的集体之中。但从理论上来讲,我们有必要强调,即使打交道的是两个初遇的人,上述交互类型化的制度化过程也会出现。任何社会情境只要持续存在一段时间,制度化就会出现。假设有两个来自完全不同的社会世界的人开始互动。此时我们说他们是"人",即假设他们已经有成型的自我,而这乃是在社会过程中才能完成的事情。因此,我们就排除了亚当、夏娃以及在原始丛林中相遇的两个野孩子等情况。我们假定,此二人来自于历史上相互隔离的社会世界,因此他们的相遇和互动发生在一个对二人来说皆为非制度性的环境中。想一想下面的场景,一个叫"星期五"的人与制造独木舟的人在荒岛上相遇了,前者是巴布亚人,后者是美国人。不过,在这个例子里,这个美国人很有可能读过或至少知道《鲁滨逊漂流记》的故事。这就起码为他提供了一种方法来将自己所处的情境进行一番前定义。因此,为简便起见,我们就把这二人称为 A 和 B。

当 A 和 B 进行互动时,不管他们采取什么样的方式,类型化都会很快地产生。A 观察 B 的行动，赋予该行动以动机。当 B 重复了这一行动之后，A 赋予该行动以同样的动机。当 B 继续行动时，A 可能会对自己说："啊哈，他又这么做了。"与此同时，A 可能也假定 B 正在对自己做同样的解读。从一开始，A 和 B 就假定了这种类型化的交互性。在他们的互动中，这些类型化通过具体的行为模式表现出来，于是 A 与 B 就开始面对面地互相扮演角色。即使双方的行动不同，也不会影响上述过程；而当双方的行动相同时，一方就有可能采纳对方的角色。也就是说，A 会在内心认可 B 所重复扮演的角色，将其视为自己在进行角色扮演时的榜样。例如，B 在做饭时所扮演的角色不仅被 A 类型化了，也会成为 A 在扮演做饭者角色过程中的一种构成性因素（constitutive element）。于是，一系列的交互类型化行动就出现了。这些行动在每个角色身上体现为惯例，有的为某个角色独有，有的则为双方共享。㉒尽管这种交互类型化还算不上制度化（因为这里仅有两个人，不可能形成行动者的拓扑结构），但是制度化的**内核**已经很清晰了。

此时我们可能会问：通过上述过程，A 和 B 获得了什么好处呢？可以看到，双方最大的收获是彼此能够预测对方的行动了。与此同时，双方的互动也变得可以预测了。"他又这么做了"就变成"**我们**又这么做了"。这大大释放了两个人原有的紧张感。不管是一人还是两人来完成什么样的外界任务，他们都节省了时间和精力。对于个人的心理成本来讲，同样如此。于是，一个不断膨胀的惯例球（a widening sphere of taken-for-granted routines）就定义了二人的共同生活。因此，很多行动都不会牵扯过多的注意力，而且一方的任何一个行动对另一方来说都不再是让人感觉惊讶或是有潜在危险的行动。相反，绝大多数正在发生的事情都将呈现出日常生活的琐碎性质。这也就意味着，双方正在构建前文提到的那种惯例活动的背景。在此背景的作用下，二人各自的行动和彼此的互动都获得了稳定性。这种惯例活动的背景的建立反过来又使二人之间的劳动分工成为可能，为那些需要高度注意力的创新活动提供了空间。劳动分工和创新又可以带来新的惯例化，并进一步延展二人共享的惯例活动的背景。换句话说，社会世界处于一个构建过程中，而具有扩张性的制度秩序就扎根于这一过程。

任何重复了一次或多次的行动都会导向一定程度的惯例化，就像一个人在观察别人的某些行动时总会调用自己所掌握的一些类型一样。然而，要形成上文所说的那种交互类型化，还必须存在一个持续的社会情境。在此情境中，两人或多人的惯例活动锁扣在一起。那么，到底哪些行动可以通过这种方式被交互类型化呢？

一般来说，这个问题的答案就是：那些在 A 和 B 的共同情境中发生的、与二人都相关的行动。当然，在不同的情况下，这种相关性所属的领域是不同的：有的与 A、B 先前共同的生活经历有关，有的则由自然的、前社会的因素造成。在任何情况下都需要被惯例化的是 A 和 B 之间的互动过程，劳动、性和领地则是其他一些类型化和惯例化的焦点。在这些领域中，A 和 B 所处的情境为更广阔的社会中的制度化提供了一种范型（paradigm）。

让我们把上述范型再推进一步。假设 A 与 B 有了孩子，这时情况就发生了质变。第三方的出现改变了 A 与 B 之间正在进行的社会互动的性质；而如果有更多的人不断加进来，它还会继续变化。㉓ 在 A 和 B 所处的初始情境中那种以萌芽状态（statu nascendi）存在的制度世界，现在就被传递到他人那里。在这一过程中，制度化不断追求自身的完善。在此之前，在 A 和 B 的共同生活中所出现的那些惯例化和类型化都属于二人的事后处理方案，但现在它们就变成了历史制度。除历史性之外，这些构造（惯例化和类型化）还获得了另外一个重要的性质（说得更准确一些，这个性质在 A 和 B 刚刚开始将其交互行为类型化时就已存在，但它此时更加纯正了），即"客观性"（objectivity）。这意味着，对于当下"碰巧"接触制度的个人来讲，那些已经结晶的制度（例如子女所接受的父辈的制度）是既定的和超越个人的。换句话说，此时制度本身就带着现实性。对个人来讲，这种现实是一种外在的、带有强制性的事实。㉔

如果这种初生制度的建构与维持只发生在 A 和 B 的互动中，那么即使它在这种有限的互动中获得了一定程度的客观性，这种客观性也较为脆弱，易被改变，甚至带有嬉戏的成分。换个不太一样的说法：A 和 B 的行动的惯例背景很容易受到他们本人的故意干预。虽然惯例在被建立之后都带有一种自我维持的倾向，但是人们在意识中仍然保有随时改变它们甚至废止它们的念头。A 和 B 是这个世界的建构者，他们有能力改变它或废止它。不仅如此，A 和 B 是在他们能够记得的、共同的生活中塑造这个世界的。这个世界对二人来说是百分之百透明的，他们理解自己所创造的这个世界。然而，当制度被传向下一代的时候，这一切都改变了。制度世界的客观性既会变"厚"，也会变"硬"。这种效果不仅作用于孩子，也作用于父母（由镜像效应造成）。"我们就是这样做的"现在变成了"事情就该这样做"。某个世界就这样被牢固地树立在意识之中，它的真实性大大增强，再也不能被轻易改变。对孩子来说，在他们社会化的早期阶段，这种制度就意味着整个 **"世界"**（the world）；对父母来说，这种制度失去了它原有的嬉戏性质而变得 **"严肃"** 起来。在孩子眼里，父母传递下来的世界不是完全透明的。他们自己并未参与该制度的塑造过程，制度是以给定现实的面貌出现在他们面前的。它就像大自然一样，至少在某些地方是不透明的。

只有到了这个时候，我们才有可能谈论一个类似于自然现实的、对个人来讲是复杂的和给定的社会世界。也只有通过这种方式，社会构造才能**作为**一个客观世界被下一代传承。在社会化的早期，孩子很难在自然现象的客观性与社会构造的客观性之间做出区分。㉕以"语言"这一最重要的社会化事项为例。对一个孩子来说，语言属于事物的内在本性，他无法把握语言的"习俗"特征。一个事物**就是**它的名称,它不能被叫作别的东西。所有的制度都以这样的方式出现。它们是给定的、不变的和自证的。我们不妨假想一个经验中不太可能出现的情况,即父母重新建构了一个制度世界。而就算在这种情况下,孩子的社会化也会强化该制度世界在父母心中的客观性,因为孩子所体验到的客观性会反射到父母对这个世界的体验中。当然,实际情况是,绝大多数父母所传递的制度世界本身就是带有历史性和客观性的事实,而制度的传承过程加强了父母的制度现实感。这其中的道理就像一个人在说"事情就该这样做"的时候,他自己已经深信不疑了。[20]

因此,在人们眼中,制度世界就是客观事实。它有自己的历史。这一历史在个人出生之前就存在了,人们无法通过回忆来追溯它。你出生之前它就在那里,你死之后它还在那里。历史本身就是现存制度的传统,它具有客观性。个人的生命只是社会的客观历史中的一个片段。作为一种具有历史性和客观性的确凿存在,制度对个人来说是不可否认的事实。制度就在**那里**,外在于人。不管人喜欢或不喜欢它,它都保持着现实性。人不能指望它消失,制度会抵制人们改变它或逃离它的企图。制度对人有强制力量,这不仅体现在制度事实的纯粹力量上,也体现在那些常见的、作为重要的制度附属品的控制机制上。人们不理解制度的目的和运作机制并不会影响到制度的客观现实性。社会世界的绝大部分对个人来说都是难以理解的。它们甚至模糊得让人难以忍受,但无论如何,它们是真实的。制度是一种外在的现实,个人不可能通过内省来理解它们。个人必须"走出去"来认识它们，就如同认识自然一样。即便社会世界是一种人造现实以致需要一种不同于自然世界的理解方式，上述说法也依然成立。[27]

我们需要记住一点，尽管制度世界的客观性对个人来说是个庞然大物，但它始终是一种人造的、被建构的客观性。而人类活动的外化产品获得客观性的过程，就叫作客体化。[28]制度世界是客体化的人类活动，每项制度都不例外。换句话说，尽管社会世界在人类经验中属于客观事物，但它并未因此获得一种完全脱离于人类活动的本体论地位。人创造世界，却在经验中不把这一世界当作自己的创造物，这一矛盾我们将放在后文进行讨论。这里需要强调的是，在作为创造者的人与作为被创造之物的社会世界之间有一种辩证关系。也就是说，人（集体意义而非个体意义的）和他的社会世界相互作用，被创造之物会反作用于创造者。外化和客体化是一个连续的辩证过程的两个时间节点，而这一过程中的第三个节点就是内化（客体化的社会世界在社会化的过程中被回掷到人们的意识中），我们将在后文详细讨论这个问题。现在我们能够看到这三个辩证式节点在社会现实中的基本关系。它们中的每一个都对应着社会世界的一个根本特征：**社会是人的产物，社会是客观现实，人是社会的产物**。如果脱离了这三个节点，对于社会世界的任何分析都必定是扭曲的。[29]我们还可以再追加一个观点：只有当社会世界被传递到新一代人那里，即内化已通过社会化完成时，这种基础的社会辩证法才得以完全成型。有必要再重复一遍,只有在新的一代人出现后,人们才能合理地谈论社会世界。

制度世界也需要正当化(legitimation),即它需要被解释和被证明。这并不是出于增强事实性的目的,因为就像我们看到的,社会世界在被传递到下一代的过程中已充分体现为事实。然而,这种事实是历史性的。对于接触它的下一代来说,它是传统而非个人记忆。在我们给出的范例中,作为一个社会世界的原始创建者,A 和 B 能把建立这一世界整体及其所有边边角角之时所处的情境进行重建;也就是说,A 和 B 可以借助自己的回忆来获取制度的意义。A 和 B 的孩子则完全不同,他们对于制度历史的知识来自于传闻,他们无法通过回忆来获得制度的原始意义。于是,就有必要通过一些正当化程序来向他们解释制度的意义。对制度秩序来讲,这些秩序只有既连贯又全面才能说服下一代,对所有的孩子要讲同样的故事。随后,从扩张的制度秩序中又发展出相应的正当化华盖,在其上伸展着一个兼具认知性和规范性的保护罩。在新一代人接受社会化从而被纳入制度秩序的过程中,他们就学习了所有关于正当化的知识。后文还会对此展开详细分析。

要完成制度的历史化和客体化,还需要发展出特定的社会控制机制。当制度脱离了其产生之时的那个社会过程,成为一种不具有原始相关性的"事实"时,与制度性的"程序过程"相抵触的行为"越轨"(deviance)就有可能出现了。说得更简单一点,相对于自己参与设定的规划，一个人更有可能在他人为自己设定的规划中发生"越轨"。新的一代带来了一个关于"服从"（compliance）的问题。要想让他们顺利接受社会化并被纳入制度秩序，就需要建立起社会制约体系。无论个体在具体情境中赋予制度什么样的主观意义，制度都必须对个体宣示出权威性，实际情况也是如此。相对于个体对情境所进行的再定义的尝试，制度对情境所做的定义必须一直保有优先性。孩子必须被人"教怎么做"。一旦教会了，孩子就得守规矩，成人当然也必须这样做。制度化的行为越多，就越可以预测和控制人们的行为。如果对制度的社会化真正实现了其效果，那么直接的强制手段就会减少许多。大多数时候，行为会在制度所设定的渠道中"自发地"出现。在意义层面上，行为越是被视作理当如此，制度程序的那些替代物就越有可能隐退，人们就越有可能对行为进行预测和控制。

原则上讲，制度化可以发生在任何集体行为的领域中。在实际情况下，多组制度化过程同时发生。我们并没有一个先验的理由来假设这些制度化过程在功能上必然互相协作，更没有一个逻辑严谨的体系能把它们联系起来。回到前面的那个例子，我们稍微改变一下虚构的情景，假设那并不是一个由父母和孩子所组成的新家庭，而是一个由男性 A、双性恋女性 B 和同性恋女性 C 所组成的前卫家庭。这三个人各自的性活动并非是重合的。A 和 B 的关系是 C 无法分享的；A 和 B 之间的互动所产生的惯例，不受 B 和 C 以及 C 和 A 互动时所产生的惯例的影响。我们没有任何理由认为两种性爱（一种异性恋，一种同性恋）的惯例化过程必须要在功能上互相整合才可以同时发生，甚至也不需要建立在共同兴趣之上的第三种惯例化来介入，比如养花（或者是别的一些可以由一位异性恋男士和一位同性恋女士共同积极参与的活动）。换句话说，三种惯例化/早期制度化的同时出现并不一定要求它们在功能上或逻辑上整合为社会现象。如果 A、B、C 均是集体而非个人，那么无论它们之间是什么样的具体关系，上述逻辑都不会改变。而且，如果几种惯例化和制度化过程并非发生在上述例子中的不同对象那里，而是发生在同一群人或同一些集体身上，我们也仍然不能预设一种先在的功能整合或逻辑整合。

然而经验事实表明，制度总是倾向于结合为一体。这种现象并不是必然的，因而有待解释。那么这到底是怎么回事呢？有人可能会说，**某些**事情对集体中的所有成员来说是共有的；可是从另一方面来讲，许多领域的行为只与特定类型的人有关。后面这种情况包含着一种初始分化，这种分化为不同类型的人分配了相对稳定的意义。这种分配或是以"前社会"的差异为基础，比如性别；或是以社会互动中出现的一些差别为基础，比如由劳动分工带来的差异——只有女人才可能关心"生育巫术"（fertility magic），只有猎人才会从事洞穴绘画，只有老人才会主持求雨仪式，只有武器制造者才会和舅舅家的孩子睡觉。从外在的社会功能的角度来看，这几个行为领域无须被整合进**一个**统一的系统，它们完全以分离的形式共存。然而，虽然这几个领域是分离的，但是意义倾向于实现哪怕是最低程度的一致性。当个体反思自己持续不断的经验时，他会尽力将意义嵌入一个统一的生命架构。在个体与他人分享自己的意义以及意义的生命架构时，这种倾向性还会进一步增强。这种倾向性有可能基于人的心理需要，进而是由生理基础决定的（也就是说，在人的心理—生理结构中存在着这种内在需求）。不过，我们的讨论并不落脚于这样的人类学假设，而是落脚于制度化过程中的意义交互分析。

因此，在人们对制度的逻辑进行任何阐述时都必须格外小心。这种逻辑并不内在于制度，与制度的外在功能亦无联系，而是由人们对制度的反思方式所决定的。换句话说，人们的反思意识把逻辑加到了制度秩序之上。㉚

语言为客观化的社会世界提供了最基本的外置逻辑。正当性的大厦建立在语言之上，以语言为主要媒介。加在制度秩序之上的逻辑是社会可用知识库的一部分。人们认为这是理所当然的，并不加以反思。一个经过良好社会化的人"知道"自己所处的社会世界是一个统一的整体。无论对于正常现象还是异常现象，他都会在这些"知识"内部来寻找解释。因此，"任何一个社会"的观察者在面对自己身处其中的社会制度时，都会很自然地假定，这套制度的运转与整合"本该如此"。㉛

事实上，制度**确实是**整合一体的。然而，这种整合与生产制度的那些社会过程无关。前者不是后者必然的功能性前提，它是一种衍生品。个人在他的生活背景中的制度行为是离散的，但他的生活背景是一个反思性的整体,其中的离散行为不会被当成孤立事件,而是被视为隶属于一个主观意义的世界的事物。这一世界的意义并不专属于某个人,而是在社会层面上被表达和分享。只有借道于这样一个社会性共享的意义世界,制度整合的必要性才能浮现出来。

这一点对于我们分析任何社会现象都有深刻启发。如果只有运用社会成员所具有的相关"知识"才能理解制度秩序的整合,那么对于这种"知识"的分析就是我们在分析制度秩序时的关键所在。这里需要强调一点,我们不是要把制度秩序的正当化背后的那套复杂的理论系统当作唯一的或者是主要的关注点。我们当然要考虑理论,但理论只是知识的一小部分,且绝不是一个社会中最重要的那部分知识。在制度史上,精巧的理论正当化只在特殊的时候才出现。对制度秩序来说,最重要的知识是在前理论的层次上出现的。它是一个社会中"人尽皆知"的事情的总和,包括准则、道德规范、智慧箴言、价值与信仰、神话等事物。要把这些事物全部理论化,需要极其繁复的智力工作,就像从荷马到眼下的社会系统建构者所做的事情那样。然而,在前理论层次,每一项制度都包含可传承的处方知识,[20]即那些为行为的制度适宜性提供指导的知识。

这样的知识是制度化行为的动力。它定义了行为的制度领域和其中的所有情境,也定义和建构了情境中的角色。实际上,它控制和预测了所有的行为。由于这些知识都是社会客体化的,因此它们就像是关于现实的普遍真理体系。任何对制度秩序的剧烈偏离都会显得背离了现实。这些偏离会被理解为道德败坏、患有精神疾病或简单的无知。这些对越轨者的精致划分需要不同的治疗，但它们都指出了一种对特定的社会世界的认知缺陷。通过上述过程，特定的社会世界就变成了"世界"。社会中那些被视为理所应当的知识与其余可知的知识是同延的。或者说，它们在某种意义上提供了一个框架，利用这一框架，任何未知的知识在未来都能为人们所认识。这是在社会化过程中人们都要学到的知识，它调节着社会的客观结构在个人意识中被内化的过程。在这个意义上，知识就位于社会基本辩证法的核心。在外化得以生产出客观世界的时候，它提供了"程序化"的通道。借助于语言和以语言为基础的认知工具，知识将世界客体化了。㉝它把世界收纳进那些事实性的事物，而在社会化过程中，它又进一步被内化为"客观有效的真理"。因此有关社会的知识可被理解为一种"**实现**"（realization），它具有两层意义：一是客体化的社会现实被理解了，二是这一现实被不断地生产出来。

举个例子来说，在劳动分工的过程中，人们会围绕着特定活动发展出一套相应的知识。在语言学的意义上，这套知识对于经济活动的制度"程序化"是不可或缺的，比如说我们需要一套词汇来描述打猎的不同模式、用什么样的武器、哪些动物可以成为猎物，等等。如果一个人要正确地打猎，他还得掌握一系列的处方知识。这些知识本身是一些渠道性的、控制性的力量，是这一行为领域在被制度化时不可或缺的成分。当打猎制度得以结晶并长时间维持下去时，这套知识体系就变成了对打猎的客观描述（也附带使它成为经验上可证明的描述）。社会世界的所有部分都是被此类知识所客体化的，于是就产生了与打猎事务的客观现实相对应的、关于打猎的客观科学。这里所说的"经验上可证明"和"科学"并不具有现代科学的规范意义，它们指的是知识来自于经验，并且能够进一步发展成系统化的知识体系。

同样，这套知识还会为下一代所传承。它在社会化过程中以客观真理的面貌被人们学习，随后又被内化为主观现实。这一现实反过来又具有形塑个体的力量。它会制造出特定类型的人，比如说猎人。猎人的身份和生活只有在前面所提到的知识体系所独立构建（比如猎人社会）或部分构建（比如我们的社会，猎人在其中构成了一个亚世界）的世界中才有意义。换句话说，离开了社会制造的特定客体化知识，打猎制度的任何一部分都不可能存在。打猎或者做一名猎人就意味着在那套知识体系所定义和控制的社会世界中生存。这一点适用于所有制度化的行为领域。

三、沉积与传统

在人类的总体经验中，只有一小部分会存留在意识里。这些被存留的经验沉积下来，凝结为记忆中可识别与可记忆的实体。[34] 只有在这种沉积出现的时候，个人才有可能理解自己的人生。在若干个体共享某种生活的时候，还会发生主体间的沉积，共同生活中的经验会融合并进入一个共同的知识库。只有当主体间的沉积能够在某种符号系统中被客体化时，即共享经验有可能被重复客体化的时候，我们才能将其说成是社会的。也只有到了这个时候，这些经验才有可能被传递给下一代，或从某个集体传递到另一个集体。从理论上讲，传递这些共同活动不一定需要符号系统，但是从经验上来看并不是这样。客观上可用的符号系统赋予沉积经验以匿名性，把这些经验从具体个人的原始背景中分离出来，使它们对于现在或将来身处该符号系统中的人来说都是可用的。经验也就由此获得了很好的传递性。

原则上讲，任何符号系统都具有上述功能，而语言通常来说是这里最重要的符号系统。语言将共享经验客体化，使所有使用语言的人都可以运用这些经验。它就是集体知识库的基础和工具。语言也进一步为新经验的客体化提供了方法，使其能够进入已有的知识库。一个具体传统中的那些客体化和客观化的沉积若要得到传递，语言就是最重要的媒介。

这里可以举个例子。在狩猎社会中，也许只有一部分人曾因丢失武器而被迫赤手空拳与野兽搏斗。这一可怕的经验也许多多少少让亲历者获得了更多的勇气、机智和技能，但不管怎么说，它都牢牢地沉积在亲历者的意识中。假设这一经验为多个人分享，它就会在主体间沉积下来，甚至有可能让这些个体之间形成一种深刻的联结关系（profound bond）。由于这一经验是通过语言来界定和传递的，它就有可能为那些未亲历此事的人所接受，甚至与他们发生密切的联系。语言所做的界定（在狩猎社会中，我们可以想象一些非常简洁、清晰的表达：单手力屠公犀牛、双手力屠母犀牛，等等）将经验加以抽象，并使之脱离个体的生命际遇。它对所有人都具有客观可能性，或者至少对某一类型的人（比如一个成熟的猎手）来说是这样。也就是说，即便这种经验仍与具体个人的命运联系在一起，它在本质上也已变得匿名了。即使对那些并不期遇未来会遇到这种事情的人（比如被禁止狩猎的妇女），它也可能会以一种衍生的形式与其发生联系（比如期待着未来嫁一个这样的丈夫）。无论在什么情况下，它都是共有知识库的一部分。因此，在语言中被客观化的经验（转化成了知识的一般客观对象）就能够通过道德劝导、励志诗歌、宗教寓言等方式被整合进更大的传统。无论是这种狭义的经验，还是广义的符号体系中的附属成分，都可以被传授给下一代，甚至扩散到一个完全不同的集体（比如一个为整件事赋予完全不同的意义的农业社会）中。

语言由此成为大量集体沉积经验的存储地，并使其以"单体"（monothetically）的形式为人们接受。这些集体的沉积经验是有机的整体，因此就不需要人们把其原始形成过程重建起来。㉟由于沉积的真实起源变得不重要了，那么在不伤害已有客体化的前提下，传统就有可能发明出一个截然不同的起源。换句话说，新的正当化可以取代旧的正当化，不断把新的意义赋予集体的沉积经验。社会的历史可以被重新阐述，未必需要打乱现有的制度秩序。在上一段的例子里,"屠杀"犀牛一事就可以被正当化为神圣人物的事迹,对这种行为的任何重复都是在模仿神话原型。

上述过程绝不仅仅发生在制度化行动中,我们在所有的客体化沉积中都能发现它的踪迹。它会出现在人的类型化过程中,而这一过程与特定的制度无关。比如,人们会被视为"高的"或"矮的","胖的"或"瘦的","聪明的"或"笨的"。这些类型都不附带任何特定的制度含义。这一过程也适用于前文中所举的制度化的例子中那些沉积意义的传递。制度乃是给定集体中那些恒久问题的恒久解决方案,这种社会认知是制度意义的传递基础。因此,制度化行动的潜在行动者必须对这些意义有着**系统性**的了解。这时,就必须引入某些形式的教育过程了。制度意义必须被牢牢地镌刻在个人意识中。由于人类常常慵懒、健忘,就需要有一些手段让这些制度意义被不断地重新刻画和重新记忆,在必要的时候还得借助一些令人不适的强制措施。进一步来讲,由于人类通常比较愚蠢,制度意义在传播的过程中就倾向于表现得比较简单,从而确保既定的制度"公式"能够为后代较为稳定地学习和记忆。制度意义的"公式"特征,为人们记住它们提供了保障。在沉积意义的层面上,也会发生我们在前面讨论制度化时所提到的例行化(routinization)与琐碎化(trivialization)的过程。英雄事迹在被纳入传统时所遵循的程序化模式便是一个例证。

制度活动的客体化意义被人们视为"知识",并能像知识一样被传递。在人们看来，这些知识中的某些部分与所有人都有关，某些则只与特定类型的人有关。所有的知识传递都需要借助某种社会装置（social apparatus），这种装置规定了哪种类型的人是传统知识的传递者，哪种类型的人是接受者。当然，这种装置在不同的社会中会表现出不同的特点。当传统由已知者向未知者进行传递时，也存在着类型化的程序。与狩猎有关的知识，包括技术层面的知识、与巫术有关的知识和道德层面的知识就会通过特定的启蒙手段，由舅舅向特定年纪的外甥传授。已知者与未知者之间的类型划分，正如在二者之间传递的知识，都是由社会定义的事物；"已知的"和"未知的"指的是由社会定义为现实的那些东西，与那些超越社会的认知标准无关。说得更直白一点，舅舅并不是因为自己知道那些特定的知识才去传递它，相反，正**因为**他是舅舅，他才知道这些知识（他被定义为已知者）。假设一位由制度所指定的舅舅由于某些特殊原因而无法传递那些知识，那么他就不再符合"舅舅"这个词的完整定义，他原本拥有的这一制度身份（"舅舅"）就可能被剥夺。

特定类型的知识都存在于一定的社会范围之内。在特定的集体中，这种知识既复杂又重要。基于这个原因，人们就得通过象征事物（如神物或军事勋章）或象征行动（如宗教仪式或军事仪式）来再次确证这些知识。换句话说，物理意义上的物体或行动会成为强化记忆的手段。显然，所有制度意义的传递都意味着某些控制和正当化程序。这些程序附属于制度本身，由制度传递人员（transmitting personnel）进行管理。需要再次强调的是，在制度和与之相关的知识传递形式之间并不存在着先验的甚或功能上的一致性，以下情形都会暴露出逻辑不一致的问题：首先，在正当化的层面，不同的正当化及其管理者之间可能会发生冲突或竞争；其次，在社会化的层面，在将传承下来的制度意义或者竞争性的制度意义予以内化时，会遇到实践上的困难。依前面的例子来讲，并没有什么先验的理由能够表明在狩猎社会中产生的制度意义不能扩散到农业社会中。更进一步来说，对一个外在的观察者来讲，当这些制度意义向外传播的时候，其在第一个社会中的功能性是可疑的，而对第二个社会来讲，它可能一点儿功能都没有。当司正者（legitimators）开展理论活动时，或是当新社会中的教育者进行实践活动时，他们都会遇到此类困难。理论工作者需要说服自己，在农业社会的万神殿中也有狩猎女神的席位，而教育者会发愁如何给从未见过狩猎活动的孩子讲述狩猎女神的神迹。从事正当化工作的理论家追求逻辑，孩子们则会反抗。可这并不是抽象逻辑或技术功能的问题，而是一个完全不同的命题：在思维上，人类既表现出精巧（ingenuity），又表现出盲信（credulity）。

四、角色

正如我们已经看到的，任何制度秩序都源于人们对自己和他人的行为表现的类型化。这便意味着一个人与他人共享着特定目标及相互勾连的行动序列，也意味着，特定行动以及行动的样式都被类型化了。也就是说，人们能够认识到：并不只是特定类型的行动者才能执行 X 类型的行动；对**任何一个**行动者来说，只要他能合理地承接相应的关联结构，他就可以执行 X 行动。某人的小舅子把某人不讲礼貌的孩子揍了一顿，可是在孩子父亲的眼里，这件事只是某种行动样式的具体例子。这种行动样式适用于其他的舅舅和外甥，是入赘社会中的通用模式。当这种类型化普及开来的时候，这件事在社会中就会变得理所当然，父亲也就会谨慎地回避这种场合，避免干涉舅权的正当施行。

要实现类型化，这些行动样式就得具备客观含义，因而就需要语言客观化的参与。也就是说，需要有某种词语指涉这些行动样式（比如"打外甥"，它归属于另一个大得多的由亲属关系及其权利和义务所构成的语言结构）。因此，原则上来讲，任何一个行动及其意义都能与行动者的表现及其附带的各种主观过程分离开来。自我和他人都可被理解为客观的常规行动的执行者。这些行动是不断复演的，某类型中的**任何一个**行动者都能重复它。

这就给自我经验（self-experience）带来了相当重要的后果。在行动过程中，自我要在行动的客观含义方面寻找认同。在那一刻，这种正在进行的行动决定了行动者的自我理解。尽管行动者此时对身体和未卷入行动的那部分自我还保留着一种边缘意识，但是这一刻的他基本上就是在这项社会客观化行动（我在打外甥，这是日常生活中一种理所当然的常规情节）中获得自我理解的。在行动发生以后，伴随着行动者对自己行动的反思，还会出现进一步的重要后果。自我的**一部分**将被客观化为行动的执行者，而整体的自我则与该行动保持相对的距离，即人们能够想象，自己只是部分参与了该行动（我们在例子中所说的这个人，除了是打外甥的舅舅，毕竟还有别的身份）。不难看出，随着这些客观身份（"打外甥的人""妹妹的支持者""新武士""祈雨舞大师"，等等）的累积，自我意识的某个区域就被完整搭建起来了。换句话说，借助于社会的有效类型化，自我的某一部分被客观化了。这一部分就是真正意义上的"社会我"。人们对它的主观体验异于对总体自我的体验，这两者甚至互相抵触。㊱这种现象使得自我的不同部分之间进行内部对话成为可能。在后文讨论社会建构的世界如何被内化到个体意识中时，我们会再次讨论这个重要现象。这里需要着重关注的是该现象与行为的客观有效类型化之间的关系。

总而言之，行动者在行动过程中建立起对社会客观化行为类型的认同，但是在随后反思该行动时，他又会与这些类型拉开距离。这种距离会在意识中得到保持，并被投射进未来的重复行动。这样，行动中的自我和他人都不是独立的个人，而是**类型**（types）。这些类型显然是可以互换的。

上述类型化如果发生在拥有共同客观知识库的行动者集体之中，我们就可以顺理成章地讨论角色了，因为角色正是这种背景下的行动者类型。㊲不难发现，角色类型的建构与行动的制度化必定是相关的。制度通过角色被镶嵌到个体经验中。在任何社会里,通过语言而得以客体化的角色都是客观世界的基本成分。通过扮演角色,个人参与到社会世界中;通过内化这些角色,该世界对个人就具有了主观真实性。

共同的知识库中储存着角色扮演的某些标准。这些标准对社会的所有成员都适用,或者起码对潜在的角色扮演者来讲是适用的。这一事实本身也是知识库的一部分。人们了解角色 X 的行为标准,这一事实本身**也**为人们所了解。由此,角色 X 的任何一个假想扮演者都会负责地遵循这些标准。作为制度传统的一部分,这些标准被教给人们。它们是判断所有的扮演者是否合格的依据,并因此发挥着控制作用。

同制度一样,角色也扎根于惯例化和客体化的基础过程。当包含有交互类型化行为的共同知识库还处于形成过程中时,角色就出现了。可以看到,这一过程深受社会互动的影响,并先于相应的制度化。问哪些角色被制度化了,就等于在问哪些行为领域受到了制度化的影响,它们可以用同一个方法来回答。**所有的**制度化行为都包含着角色,因此角色也带有制度化的控制特征。只要行动者被类型化为角色扮演者,他们的行为就在事实上受到了监督。遵循或不遵循社会定义的角色标准,就不再是自由选择的了。当然,对于不遵循标准的行为,惩罚力度会依照具体情况来设定。

角色**表征**(represent)着制度秩序。[38]这种表征发生在两个层面。首先,角色的具体表现表征着它自身。进行审判是在表征法官的角色,个体不是在自己的意义上进行审判,而是以法官的身份来做此事。其次,角色表征着一个关于行为的完整的制度网络。法官的角色位于与其他角色的关系中,各种关系合在一起组成了法律制度。法官以制度代表的身份来行动。只有通过扮演角色,制度才能在实际经验中彰显自己。带着那些被编排好的行动,制度成了一个无字的剧本。戏剧能否上演取决于活的行动者基于指定角色所展开的重复的扮演活动。在给定的舞台上,行动者具身(embody)于角色之中,通过表征剧本将其变为现实。离开了这种反复的实现过程,任何一个剧本和制度都不可能在经验中存在。因此,我们说角色表征制度,就是在说角色使制度的存在成为可能,使制度真实地存在于活人的经验中。

制度也可以通过其他方式被表征。语言的客观化就是一种表征方式。从简单的语言指配到高度复杂的象征性现实,语言的客观化能在经验中表征(把制度变得在场)制度。自然的或人工制造的物体是另一种方式,它们为制度提供了符号性的表征。然而,如果不能持续地在实际的人类行为中"获得生命",所有的这些表征就都是"死"的(不具有主观现实性)。制度的最优表征就是在角色中、通过角色来实现的,其他的表征都依赖于此。比方说,法律制度当然也可以由以下事物来表征:法律语言、法条、法理学理论,直至制度及其规范(伦理、宗教或神话思想中的规范)的终极正当化。它们组成了一个强大的工具包(paraphernalia），一直伴随着法律的施行。同样，一声响雷也可能在审判中被当成神的判决，进而被视为一种终极正义的象征。上述种种都表征着制度，但它们都需要被应用到人类的行为中才能获得持续的意义，甚至是可理解性。当然，这里所说的行为是法律的制度化角色的类型化行为。

当个体开始对上述事情进行反思时，会遇到这样一个问题：如何将不同的制度表征联结成一个可理解的有机整体？㊴任何一个具体的角色表现都指向制度的客观意义，指向其他辅助性的角色表现，也指向制度的意义整体。要对这些不同的表征进行整合，通常可以在正当化的层次做文章，但是此问题也可以通过特定角色来解决。**所有的**角色都在前文所说的那种意义上表征着制度秩序，但**有些**角色不同，它们是秩序总体的象征性表征。在一个社会中，此类角色具有重要的战略性，因为它们不仅代表着这个或那个制度，而且代表着一个意义世界中所有制度的总和。实际上，这些角色帮助社会成员在意识和行为上维持着这种整合，也就是说，它们与社会的正当化装置间有一种特殊的关系。这些角色中的一部分**除了**能够为作为有机整体的制度秩序提供象征性的表征以外，就再无其他的功能；另一部分除了间或承担这些象征性的功能外，还有其他一些不显眼的日常功能。在某些特别重要的情形中，法官就以这种方式表征着社会的总体整合。君主则时刻发挥着这种功能。实际上，在一个君主立宪制国家里，君主就没有其他的功能，他只不过是从上到下的社会各阶层的一个"活的象征"(living symbol)。从历史上来看,代表整个制度秩序的象征性角色常常会出现在政治与宗教制度中。[40]

更值得关注的一点是,角色乃是知识库的某个特定部分的中转者。通过自己所扮演的角色,个人被引入了特定的社会客体化知识领域。这些知识不仅包括狭义的认知层面的知识,还包括规范、价值甚至情感等层面的知识。当法官自然要懂法律知识,但对于那些范围大得多的、与法律相关的人类事务,他同样得懂。这些还不够。他还需要明白,对一名法官乃至法官的妻子来讲,什么样的价值观和态度是适宜的。在情感领域,法官也必须掌握恰当的"知识",比如他必须得明白何时要控制自己的同情心,这对法官这一角色来讲是一种重要的心理素质。所有的角色都以法官的这种方式为自己开辟了一条道路,这条道路指向社会总体知识库的某个特定部分。一个人在学习如何扮演某角色时,仅仅弄明白该角色的外在表现所要求的那些事务,是远远不够的。他还需要学着浸入知识体系,到达那些与此角色直接**和**间接联系的各种认知甚至是情感层面,深入地学习。

这也就意味着知识的社会分配。[41]社会的知识库由普遍知识与特定角色的专属知识两部分组成,即便是极其简单的社会情境也遵循这种分配方式。在前面所举的例子中,一个男人、一个女双性恋和一个女同性恋持续进行互动,有的知识(如何在经济上维持三个人的生活等)与三个人都相关,有的知识(女同性恋的交往秘法或异性的诱惑等)则只与其中的两人相关。换句话说,社会分配给知识制造出一种二分：普遍知识与角色专属知识。

一个社会中的知识是在历史过程中积累下来的。考虑到这一点，我们可以假定，由于劳动分工的存在，角色专属知识的增长速度将会快于那些大众化的普遍知识。劳动分工使得专门化的任务呈现几何式增长，这就需要配有易学习和易传播的标准化解决方案，也进一步要求社会配有关于特定情境的专业知识以及这些情境在被社会定义时所需要的有关"手段/目的"之间的关系的知识。换句话说，专家就会出现了。他们每一个人都得明白，对于自己所要完成的专业工作来讲，有哪些知识是必备的。

只有在社会组织方式能让特定个人集中关注自己专业的时候，角色专属知识才能积累起来。假如狩猎社会中的某个人要当铸剑师，那就得有相应的措施来为他免除所有男性都负有的狩猎职责。对其他一些复杂、难懂的角色（如宗教启示者或其他知识分子）所需的专业化知识来说，也需要同样的社会组织方式来配合。而不管在什么情况下，专家都掌控着社会分配给自己的知识库内容并成为它的管理者。

与此同时，专家的类型划分是普遍知识的一个重要组成部分。专家显然是了解自己专业的人，但除此之外，每一个人都得了解，当自己需要专业知识时，能求助的专家是谁。常人不可能弄明白诱导受孕或施加咒语等魔法的复杂性，但他**必须**了解，如果自己需要这方面的服务，他应该去找哪种魔法师。专家的类型（现在的社会工作者称之为转介指南）是共有知识库的一部分，而具体的专业知识不是。当然,在某些社会中可能会出现实践上的困难,比如在专家内部存在着互相竞争的小圈子或者说专业化过于复杂,有可能把外人给搞糊涂了。不过,在这里我们先不纠结于这些例外情况。

此时,我们就能从两个制高点来分析角色和知识的关系了。从制度秩序的视角看,角色是客观累积起来的制度化知识的表征者和中转者;从角色的视角看,每个角色都带有社会定义的附属知识。两个视角指向了同一个总体现象,也就是社会的基础辩证法(essential dialectic)。第一个视角可以用以下命题总结:社会只有在个体意识到它的时候才存在;第二个视角意味着:个体的意识是社会决定的。将问题缩小到角色的层面上,我们可以说:一方面,只有在可以通过具体角色来**实现**的时候,制度秩序才是真实的;另一方面,角色是制度秩序的表达,后者决定了前者的特质(包括前者的附属知识),前者从后者那里获取客观意义。

角色分析对知识社会学尤为重要,因为它揭示了一种调和关系。借助这种关系,社会中宏大的客观意义世界在个人那里就变得具有主观真实性了。由此我们就可能去分析某个集体(如阶级、种族群体或知识群体)的宗教世界观的宏观社会根源,以及这些世界观在个人意识中的展现方式。如果要考察某一个体的全部社会活动是如何与他所在的集体相联系的,我们就可以把两种分析相结合。这样的一种考察,必然属于角色分析的范畴。[42]

五、制度化的范围与模式

以上我们讨论了制度化的基本特征，它们可被视作社会学常量。显而易见，这些常量在历史中的表现与组合是不可胜数的，就算是它们的概貌，我们都无法在本书中予以描绘，除非从社会学理论的角度写一部人类通史才有可能完成这项任务。不过，对具体的社会学分析来说，制度特征的某些历史变异非常重要，所以我们需要对它们进行一些简要的探讨。当然，我们的分析焦点仍然是制度与知识的关系。

在探究任何具体的制度秩序时，人们可能都会问：在一个给定集体的所有社会行动中，制度化究竟能覆盖多大的范围呢？换句话说，同非制度化的行动相比，制度化的行动究竟占据多大的比例呢？[13]不难想象，在这一问题上存在着历史变异，不同的社会为非制度化行动保留的空间有大有小。由此我们又会面对一个更重要的普遍性问题：与较小范围的制度化相比，较大范围的制度化是由什么因素促成的呢？

正常来说，制度化的范围取决于关联结构的普遍性。如果一个社会中的很多甚至大多数关联结构都是人们普遍共享的，那么制度化的范围必然比较大。如果只有少部分关联结构被共享，制度化的范围就会比较窄，此时制度秩序还有可能高度碎片化，即特定的关联结构并不为社会整体而仅为社会中的部分群体所共享。

为了便于进一步解释，我们不妨考虑一些极端的理想类型。

假想有一个百分之百制度化的社会,在这个社会中,**所有的**问题都是公共的,对这些问题的**所有**解决方法都是社会客体化的,**所有的**社会行动也都是制度化的。制度秩序包裹了所有的社会生活,后者就像是一个持续展现的、复杂的、高度程序化的礼拜仪式(liturgy)。这个社会中没有或基本没有角色专属的知识分配,原因是所有的角色扮演都发生在与所有的行动者同等相关的情境中。我们也可以对这个完全制度化的社会(顺便提一句,它对噩梦来说是个好素材)的解释模型做一些微小调整,即假想一个社会,其中所有的社会行动都是制度化的,**但**只有公共议题不是。虽然这个社会强加给其成员的生活方式是同样刻板的,但是在此社会中会分配一些角色专属知识,即有几个礼拜仪式同时进行。当然,无论是完全制度化的模型还是其修正形式都不可能出现在真实的历史中,但是我们可以把实际的社会视为这些极端类型的近似。由此我们也可以说,与文明社会相比,原始社会与这些理想类型的距离要近得多。㊹甚至可以说,古代文明的发展史便是一个逐渐远离上述类型的过程。㊺

与上述极端类型相反的是另一个极端类型,在这种社会中只有**一个**公共议题,制度化仅仅发生在与这个议题相关的行动中。在这个社会中几乎没有公共知识库,所有的知识几乎都是角色专属的。从大社会的角度来看,别说这种类型的社会,即便是这种类型的近似物在历史中也不存在。不过,在规模较小的社会形态中,我们可以发现它的影子。在自由主义的领地,经济配置乃是唯一的**公共**议题；在由多个部落或种族所组成的远征军队中，唯一的**公共**议题就是打仗。

上述协助阐释的虚构事例除了可以激发我们的社会学想象力之外，还有利于澄清一个问题，即什么条件可让某个社会导向那些极端状况。最常见的一个条件与劳动分工的程度以及伴随它的制度分化有关。[46]对任何一个社会来讲，只要它内部的劳动分工在增加，它就正在远离上文所说的第一种极端类型。另一个常见条件与第一个条件紧密相连，即经济剩余的出现，它使得特定的个人或群体可以投身那些并不直接关乎生计的专业化活动。[47]正如我们之前所做的分析，这些专业化的活动带来了公共知识库的专业化（specialization）和分隔化（segmentation），而这种专业化和分隔化使得主观知识有可能脱离**任何的**社会关联，成为"纯理论"。[48]回到前面的例子，特定个人就可以从狩猎中解放出来，他既可以去铸造武器，也可以去编写神话。由此我们就有了"理论生活"以及它所包含的超级繁茂的专业知识体系。这些知识体系由专家掌管，而这些专家的社会威望实际上有赖于他们不会做钻研理论以外的其他事情。这也就带来了一些值得进一步分析的问题，在后文我们将对其进行讨论。

虽然制度化一旦形成就具备持续存在的倾向，但这并不是一个不可逆转的过程。[49]各种各样的原因都会让制度化行动的范围萎缩，在特定的社会生活领域也会出现去制度化的现象。[50]举个例子，与公共领域相比，现代工业社会中所出现的私人领域就是高

度去制度化的。(51)

对于哪种制度秩序会发生历史变异这个问题，我们还可以进一步发问：在客观表现和主观意义的层面上，不同制度之间的关系是什么样的？(52)在前文讨论的第一个极端例子中，对每一个主观经历来讲，制度的表现和意义都是一个统一体。整个社会知识库贯穿于所有个体的生命之中，每个人都会**做**所有的事，也都**明白**所有的事。意义的整合问题（不同制度之间的意义联结）则是一个完全属于主体的问题，对每个个体来讲，制度秩序的客观意义是给定的、众人皆知的、在社会层面理所当然的东西。如果这里出现了什么问题，那是因为个体在将那种被社会认可的意义进行内化时遇到了主观困难。 82

在逐渐偏离（所有的社会实际上都会偏离，只是程度不同罢了）这一解释学模型的时候，再要讨论制度意义的确立，就要做出重大修正了。我们已经给出了两个例子：制度秩序的分隔化，即只有特定类型的个人执行特定的行动；以及在这之后出现的知识的社会分配，即特定类型的个人掌握角色专属知识。然而，伴随着这些发展过程，在意义层面上会出现一种新的构型（configuration）。这时，一个**客观**问题就出现了：如何对整个社会的意义进行全面整合？虽然一个人也需要在自己的主观意义与社会所赋予的意义之间进行协调，但是这与前面那个问题本质不同、差别巨大。一个像是制造一些宣传口号来说服他人，一个像是制造一些回忆来说服自己。

在前文"男人/女双性恋/女同性恋"的例子里,我们花了不少篇幅来说明不同的制度化过程并非是先天"协作"的。"男人—女双性恋(A-B)""女双性恋—女同性恋(B-C)"和"女同性恋—男人(C-A)"所共享的三种关联结构并不一定是相互整合的,不同的制度化过程无须很好地整合也能共存。我们也曾提到,尽管不具有先天的一体性,但这些制度在经验事实中的表现恰恰如此,造成这种现象的原因乃是人们通过自己的反思意识为多种制度的经验强加了一种特定逻辑。这里我们可以把上述讨论再推进一步,假定三人中的某个人(比如那个男人 A)对他们的关系的非对称性感到不满。他所分享的那些关系(A-B 关系和 C-A 关系)并没有发生什么变化,只是他原本就没有参与的 B-C 关系在困扰着他。这种困扰有可能源于他自己的利益受到了侵害(比如 C 花了太多时间跟 B 做爱,忘了跟 A 一起插花),也可能源于 A 自己在理论上的野心。但不管在哪种情况下,他都想把三种独立的关系及其惯例化过程整合进一个统一的、有凝聚力的意义整体——A-B-C。那么,他该怎么做呢?

假想 A 是一个宗教天才,有一天他对其他两人讲了一个新神话:世界的创造分为两个阶段,陆地是由造物主和他的妹妹交媾创造出来的,大海则因后者与一位双生子女神互相爱抚而得以出现。当世界以这种方式被创造出来后,造物主和双生子女神加入到盛大的花舞中,就这样,陆地上出现了植物和动物。于是,异性恋、女同性恋和种花这种现存的三角关系就成了人类对神的原型活动的模仿。听着好像不赖。读者若是有一些比较神话学的背景，将会毫无困难地在人类历史中找到这一创世曲的真实翻版。如果想让其他两人接受自己的理论，这个男人或许会遇到困难，因为如何去"宣道"是个问题。不过，假设 B 和 C 在维持三人的关系时也遇到了实践困难，或者说她们被 A 的创世图景所吸引（尽管不太可能），那么 A 就有机会让自己的计划得逞了。一旦他成功了，三个人都"知道"他们各自的行动皆是为了一个大社会（A-B-C）而开展的，这种知识的影响就会贯穿于各个情境之中。例如 C 就可能以更加有责任心的态度来规划自己的时间，从而在她的两项主要事务中求取平衡。

　　如果上述拓展案例看着有点玄虚，那我们不妨让它更接地气一些。想象一下，那位宗教天才的意识刚经历了一个世俗化过程，这样神话就不会太有说服力了。此时就得求助于社会科学，而这么做一点儿都不难。显而易见（此时我们的宗教天才变成了社会科学家），这个情境中的两种性活动表达了参与者深层的心理需求。他"知道"，如果阻挠这种需求，就会导致"功能失调"。与此同时，这三个人还通过卖花来交换小岛上另一处的椰子。那就可以这么说：A-B 和 B-C 的行为模式发挥着"人格系统"的功能，而 C-A 的行为模式发挥着"社会系统"中经济部门的功能，这样 A-B-C 也就是系统间功能整合的理性结果。如果 A 能够成功地让两个女孩接受**这套**理论，她们对于自身所处情境中的功能制约也就具备了"知识"，这种"知识"会给她们的行为带来特定的控制效果。

当我们从例子中面对面的小日子转换到宏观社会角度时,上述看法依然成立。制度秩序的分隔化以及相伴随的知识分配会带来意义整合的问题。要把人们的碎片化社会经验和知识予以客观化,就需要有全社会层面的整合意义背景。更进一步来讲,这里不仅有一个全社会的意义整合的问题,还有某种类型的行动者的制度行为如何在其他行动者那里被正当化的问题。我们可以假定,存在着某个意义体系,它赋予战士、农夫、商人和驱魔人以客观意义,但是这并不意味着这些类型的行动者之间不存在利益冲突。即使在同一个意义体系里,驱魔人在向战士解释自己的某些行为时也可能遇到困难,其他类型的人同样会遇到这种困难。从历史上看,此时所需借助的正当化方法变化不定。㉝

制度化分隔带来的另一个后果是,离散的社会子意义世界有可能出现。由于角色的专业化程度不断加强,角色专属知识变得极其玄奥,以致它与公共知识库没有任何交集。这种子意义世界既可能为公众所知,也可能不被知晓。在某些情况下,不仅子意义世界的认知内容是秘传的,就连子意义世界的存在以及拥有该世界的那个集体都不为人知。这些子意义世界的社会建构可能依据不同的标准,比如性别、年龄、职业、宗教倾向、审美品位等。显然,随着劳动分工的发展和经济剩余的增加,子意义世界越来越有可能出现。一个社会的经济水平若仅能满足生存需要,那可能只会出现"男人/女人"或"年老战士/年轻战士"之间的认知区隔,非洲那些常见的"秘密社会"(secret societies)和美洲印第安社会就是这个样子。这个层次的经济水平也许还有可能支撑教士和魔法师的一些小圈子,但是,像印度种姓制度、中国的文官制度或是古埃及的祭祀集团这种非常成熟的子意义世界,就需要更加强大的经济能力来支撑。

同其他所有社会意义体系一样,子意义世界必须由某个特定集体来"承载"。[54]也就是说,这个群体不断地生产出意义,这些意义对此群体来说是一种客观现实。在此类群体之间会出现冲突和竞争。比如一个最简单的问题,将剩余资源分配给专家时该怎么分呢?哪些人可以合法免除生产性的劳动?是**所有的**医生,还是那些在首领家里服务的医生?谁有资格从统治者那里领取固定的俸禄呢?是用草药来治病的人,还是那些靠跳大神来治病的人?这些社会冲突都很容易转变成对立思想派别的冲突,这些思想派别都尝试着确立自身的位置,同时去消除或起码去质疑与自己竞争的知识体系。在当代社会,我们依然会遇到这种冲突(既发生在社会经济层面,又发生在认知层面),它们发生在正统医学与它的一些竞争者之间,如按摩疗法、顺势疗法或基督教科学(Christian Science)。在发达工业社会中,由于经济剩余体量庞大,许多人都能

> 基督教科学派是19世纪美国新宗教运动中的一个派别,由美国人玛丽·贝克·艾迪(Mary Baker Eddy)在1879年创立。该教派主张人体疾病是一种幻象,通过祈祷即可治疗。多次获得普利策新闻奖的著名报纸《基督教科学箴言报》就由该教派发行。

全身心地投入到哪怕是最冷门的工作中，这就使得所有可想象的子意义世界之间的多元竞争成了常态。⑮

当子意义世界建立后，人们在看待社会总体现实时就会有多个不同的视角，每个视角都来自某个子世界。按摩治疗师与医学院教授的视角不同，诗人与商人的视角不同，犹太教徒与非犹太教徒的视角不同，不一而足。显然，假使人们要为**整个**社会建立起一个稳定的象征性的苍穹（symbolic canopy），这种视角的多元性就构成了极大的阻碍。原因在于，每一个视角，不管它附带有什么样的理论甚至世界观，都与该视角所属群体的具体社会利益有关。当然，不同的视角乃至不同的理论或世界观未必就是社会利益的机械反映。尤其对理论领域来讲，知识很有可能超越知识拥有者自身的生物和社会利益。因此，我们也许会有切实的社会原因来说明为什么犹太人在某些科学事业上表现得那么出色，却不能根据某事业是否由犹太人从事来判断它的科学地位。换句话说，基于自身的社会基础，科学的意义世界获得了相当多的自主性。从理论上讲，上述道理适用于包括社会认知视角（cognitive perspectives）在内的所有知识体系，虽然它们的实际表现可能会有很大差异。

更进一步来讲，一旦某个知识体系被擢升为具有相对自主性的子意义世界，它就有能力向自己的制造者施加反作用。犹太人可能因为自己的犹太身份而在社会中遭遇特殊问题，因此让自己成了社会科学家。而一旦他们习得了这些社会—科学（social-scientific）的话语体系，他们就可能不再只从纯粹犹太人的视角来看待社会了，他们甚至还会因为自己新获得的社会—科学视角而改变自己身为犹太人时的社会行为。那么知识会在多大程度上脱离它自己的存在根源呢？这个问题由许多历史变量决定，如所涉社会利益的紧迫性、所涉知识的理论水平、知识的社会关联度，等等。总的来看，我们所需关心的是这里体现出的一个重要原则，即知识与其社会基础之间的关系是辩证的，知识既是社会产品，也能影响社会变迁。[60]这一原则即社会生产与作为产品的客体化世界之间的辩证原则。无论我们要对具体的子意义世界展开何种分析，都有必要牢记这一原则。

如果子意义世界的数量不断增长，复杂性不断增强，那么圈外人就会越来越难接触它们。它们成为一块块"玄奥"的飞地，除了那些知晓秘密的人之外，它们对其他人都是"密封的"（hermetically sealed）（看到这个词，可以联想一下那本古老的、写满了神秘知识的《赫姆提卡文集》）。子世界日渐增强的自治性给圈外人和圈内人都带来了某种正当化问题。圈外人必须置身子意义世界**之外**，有时甚至要对它的存在保持无知，然而如

> 《赫姆提卡文集》是15世纪左右流传于意大利的一本神秘书籍，由意大利学者马西里奥·费奇诺（Marsilio Ficino）编译。该书由师徒对话体写成，汇集了公元2世纪以后埃及和希腊地区的一些智慧文本，涉及神、宇宙、自然、思维以及炼金术和占星术等方面的内容。

第二章 作为客观现实的社会

果他们不是那么闭塞,如果子世界需要外部大社会给予各种特权和认可,那就会出现困难了。因为此时一方面要让圈外人置身圈外,另一方面又要让他们认可这种做法的正当性。解决这个问题的办法包括各种各样的威慑技术、理性与非理性的宣传(迎合圈外人的利益和情感)、神秘化以及最常见的对象征性威望符号的运用。从另一个角度来看,圈内人必须保证置身子世界**之内**,这就需要从实践中和理论上发展出一套程序,用以抵御那些让人们逃离子世界的诱惑。后文我们将会详细探讨上述两个层面的正当化问题,这里可以先做一个简单的说明:仅仅建立一个秘传的医学知识子世界是不够的,必须要让外行的大众相信,这个子世界是正确的和有益的,同时医学界也必须遵循自身子世界的标准。普通人会被"不遵从医嘱"所带来的生理折磨的景象吓住,这一方面出于实际利益的考虑,另一方面是因为他们害怕疾病和死亡。为了突出自己的权威性,医学界需要用一些象征着权力和神秘性的古老符号来包装自己,如古怪的制服和令人费解的语言。当然,对于公众和医学界来说,这些元素都具有实用的正当性。与此同时,在医学的专业世界中,那些有完备资格的居民必须将自己与"江湖术士"(quackery)区分开来(在思想和行动上都不能背离医学子世界)。这种区分既依赖于外在力量对这一职业的强力控制,也依赖于一整套专业知识体系,这套知识体系能够给予这些居民"科学证据",用以应对那些愚蠢甚至是邪恶的越轨行为。换句话说,当整个正当化机器在工作时,外行**就是**外行,医生**还是**医生，只要有可能，双方便各安其位。

不同的制度和子意义世界有着不同的变迁速度，这就带来了一些特殊问题。[57]无论是制度秩序的总体正当化，还是专项制度或子世界的特殊正当化，都可能因此遇到困难。拥有现代军队的封建社会，工业资本主义条件下的土地贵族，科学精神兴盛时代的传统宗教，相对论与占星术的社会共存，这些不胜枚举的例子遍布于我们的现实经验，道理不言而喻。总而言之，在上述情况下，某些正当化工作将会变得极其费力。

制度化的历史变异还能引发最后一个重要的理论问题，即制度秩序被客观化的方式：制度秩序或它的某个部分会在何种程度上被理解为非人（non-human）的实在事物呢？这就是社会现实的物化（reification）问题。[58]

物化就是把人类现象当成事物来理解，即从非人或超人 89
（supra-human）的角度来看待人类现象。换一种说法来讲，物化就是将人类活动的产品**当作**非人类产品，如物理事实、自然规律或神意的体现。物化现象表明，人会忘记自己是人类世界的创造者，并进一步忘记了创造者（人）与产品之间的辩证关系。显而易见，物化的世界是一个去人性的世界。人类在感受这个世界时就像在感受一种陌生事实。它仿佛是一个根本无法由人控制的外生事物（*opus alienum*），而不是源于人类自身创造性活动的内生事物（*opus proprium*）。

联系到前文对客体化问题的讨论，这里我们就能清楚地看到，一旦客观的社会世界建立起来，物化的发生就离我们不远了。[59]社会世界具有客体性意味着人们把它当作外部事物来对待，然而关键问题在于，此时人类是否还能保有一种意识：尽管社会世界已经被客体化了，但它仍是由人所创造的，因而也能被人重新创造。换句话说，物化可谓客体化进程中的一种极端状态。在这种状态下，客体化的世界失去了它作为人类事业的可理解性。它被固定下来，成了一种非人的、无法人格化的、惰性的事实。[60]它造成的典型后果是，一个人和他所在世界的真实关系在意识中被倒转了。作为世界创造者的人被理解为世界的产品，人类活动则被理解为非人过程的附带现象。于是，人类的意义不再来自于一个生成的世界，而是来自于一个存在的世界，它是"事物本性"的产物。需要强调的是，物化是意识的一种形式，更准确地说是人类世界在人那里的一种客观化形式。即便在物化的情况下，人也能继续生产世界，也就是说，人能够矛盾地创造出一种否定人自身的现实。[61]

在意识的前理论层次和理论层次都可能发生物化。复杂的理论系统可被视为物化，而它很可能根源于这样或那样的社会情境中所发生的前理论物化。因此，如果仅把物化概念限定在知识分子的心智建构物上，那就会犯错误了。在普通人的意识中也存在着物化，而且这种物化在事实上更具实践意义。另外，如果我们将物化看成对社会世界的原始非物化理解的对立面，将其视为一种误入歧途的认知，那也不对。相反，民族学和心理学的证据已经表明，无论是在物种发生学（phylogenetically）还是个体发生学（ontogenetically）的层次上，人类对于社会世界的理解都是高度物化的。⑫这说明，要将物化理解为一种意识形式，至少需要在意识中先出现一种相对**去**物化（*de*reification）的状态。无论在人类历史中还是个人生命中，这种状态都是较晚近时才出现的。

整体的制度秩序和它的各个部分都有可能被人们以物化的方式理解。社会的整体秩序可以被想象成一个小宇宙，它是上帝按大宇宙的样子造出来的。无论"下面"（here below）发生了什么，都只不过是"上面"（up above）所发生的事情的苍白投影，⑬而对单个的具体制度也可以依同样的方式来理解。使制度发生物化的一个基本"秘方"是赋予制度一种独立于人类活动与意义的本体论地位，各种具体的物化都只是这一做法的变异。婚姻可以被物化成对神创活动的模拟、自然规律的普世规定、生物学或心理学力量的必然后果，或者就像常听到的那种讲法，是社会系统的功能性要求。所有这些物化有一个共同点，即它们都没有认识到，婚姻乃是一种发展中的人类产物。不难看到，物化既能发生在理论层次，也能发生在前理论层次。于是神秘的宗教启示者就可以编造一个非常复杂的理论，所涉问题从最具体的人类事务延伸到神圣宇宙最偏远的角落，而一对不识字的农民夫妻在结婚时则可能带着一种对形而上的力量的敬畏来"物化"地理解自己所做的事情。通过物化，制度世界看上去与自然世界融合了，制度世界变成了必需的和命定的。人们就这样生活在制度世界中，至于他们快乐还是不快乐，那是另外一码事。

制度的上述物化方式也适用于角色的物化。在自我意识中，那些已通过角色而被客观化的部分也会被视为一种无法避免的命运，这样个体就可以逃避一些责任。这种物化最典型的模式便是下面这种说法，"在这件事上我别无选择，我所处的位置（丈夫、父亲、将军、大主教、董事长、匪徒、刽子手，等等）决定了我必须这么做"。可见，角色的物化会缩小个人在他自己与所扮演的角色之间所形成的主观距离。客观化意义上的那种距离依然被保留，但是由认同问题所造成的可能的主观距离就缩小到零了。到了最后，身份本身（说成是总体自我也无妨）就被物化了。这里包括一个人对自己身份的认同，也包括对他人身份的认同。此时个体就完全等同于社会所分配给他的类型，他**不是别的而就是**那种类型。从价值或情感的角度讲，这种对类型化的理解既有可能凸显出正面意味，也有可能凸显出负面意味。比如"犹太人"这种身份认同可能被物化为反闪族和犹太人自身，但后者是正面认同，前者是负面认同。这种类型原本是人类制造的，当它被内化的时候，也只是把自我的一部分客观化了，但是两种物化为这种社会类型赋予了本体（ontological）和整体（total）的地位。[64]

更进一步来看，正如前面所说的，从前理论层次到最复杂的理论层次都会出现物化，前者如"大家都了解的犹太人的事情"，后者则从生物学（"犹太血统"）、心理学（"犹太精神"）或形而上学（"以色列之谜"）的角度来定义一种"犹太性"。

对物化现象的分析非常重要，因为它有助于矫正普遍存在于理论思维中的，特别是存在于社会学思维中的物化倾向。它对知识社会学来讲尤其关键，因为它能防止后者陷入一种误区，即在人们所做与人们所想之间设定一种非辩证关系。在将知识社会学应用于历史和经验分析时，我们必须特别留意有助于去物化的那些社会情境，比如制度秩序的整体崩塌、原本互相分隔的社会发生了接触以及社会边缘性（social marginality）这个重要的社会现象。[66]不过，这些问题暂时超出了我们目前的讨论架构。

第二节 正当化

一、象征世界的起源

我们可以将正当化形象地称为意义的"二阶"客体化。不同的制度化过程附着有不同的意义。正当化则制造出新的意义，从而把之前这些不同的意义整合起来。正当化所实现的功能是把已经制度化的"一阶"客体化变得客观上有效，主观上合理。[67]这是对正当化所做的一种功能界定，并没有涉及那些推动各种正当化过程的具体动机。不过有必要补充一点，不管借助什么样的形式，"整合"都是人们在从事正当化工作时的主要目的。

我们可以在两个层面讨论整合以及相应的主观合理性问题。首先，制度秩序的总体性对不同制度过程的参与者来说应当同时具有意义。人们要对总体意义产生主观认知，可是人们在与其他人（就像如下社会关系：首领和主教，父亲与部队长官；这些身份甚至可能出现在同一个人身上，比如某位父亲正好也是他儿子的长官）打交道时的认知动机是受情境支配的，并且只得到了局部制度化，于是就出现了合理性问题。这里所涉及的就是一种"水平的"（horizontal）整合与合理性，它把总体制度秩序与扮演不同角色的不同个体联系起来，或是把总体制度秩序与一些局部的制度过程（个人可以随时参加到这些制度过程中）联系起来。

其次，个人生活需要在制度秩序的各种不同安排中连续穿梭，这种生活的"总体性"必须获得主观意义的支持。换句话说，鉴于个人生命包含若干相继的制度预定阶段，因此它就需要借助一种意义来使整个生命获得主观上的合理性。这种单独个体生命周期中的整合与合理性是"垂直的"（vertical），它必须和制度秩序中的"水平的"整合与主观合理性相融合。

如前文所说，制度化的第一个阶段无须正当化的参与。在此阶段，制度只是单纯的事实，它不需要得到主体间或主体生活史的支持，它对各方来讲都是自明的。可是当制度秩序（此时已成为历史）的客体化被传递到下一代时，正当化问题就必然要出现了。到了这个时候，单纯依靠个体的记忆和惯例化不可能继续维持制度的自明性，这一点在前文中已经得到了说明。历史与生命之间的联结被打破了。为了修复这种联结，使它从两个方面都能说得通，就必须对制度传统中的显要因素（salient elements）进行解释和证明。正当化就是这样一个解释和证明的过程。⑰

借助正当化，客体化意义获得了认知的有效性，制度秩序由此得到"解释"；借助正当化，实际的命令变成了庄严的规范，制度秩序由此得到证明。正当化既包含认知元素，也包含规范元素，认识到这一点是很重要的。换句话说，正当化并不仅仅与"价值"有关，它也始终意味着"知识"。举例来讲，如果仅仅凭借伦理上针对特定乱伦行为的禁忌，某种亲属结构是得不到正当化的。要使其正当化就必须引入一些角色知识。这些知识**既**定义了亲属结构中哪些行为是"对"的，**也**定义了哪些行为是"错"的。一个人不会在他的氏族内通婚，但他首先要知道自己是这个氏族的一员。这种"知识"是通过传统传递给他的，它"解释"了什么叫氏族以及这个人属于哪个氏族。与传统中的伦理学元素一样，这些"解释"（通常是一种集体的"历史学"或"社会学"，在乱伦禁忌的例子里也许还包含一种人类学）提供了大量的正当化工具。正当化不仅告诉个人，他为什么**应该**做这件事而不应该做那件事，也会告诉他，为什么事情**是**那个样子。换句话说，在制度的正当化过程中，"知识"先于"价值"。

对于正当化的不同层次（当然，这些层次的实际表现是相互重叠的），我们能做出一些分析性的区分。当人类经验的语言客观化系统开始被传递的时候，最初的正当化就出现了。举例来说，亲属关系的语汇传播实际上就把亲属结构正当化了，这些语汇内嵌着最基础的正当化"解释"。一个儿童在了解到另一个儿童**是**自己的大表哥时也要学习与"大表哥"（cousin）这个称呼相关的行为，而"大表哥"一词所携带的正当化信息就把那些行为迅速且内在地正当化了。那些来自传统的"断言"都处于这个最初的正当化层次，它们的效果相当于"事情就应该这样做"——这是对儿童所提出的"为什么"这一问题的最早的、普适的、有效的回答。这种回答显然位于前理论层次，然而这一层次为所有的后续理论提供了可依赖的基础性的自明"知识"。反过来说，如果理论想融入传统，它就必须获得这种基础。

　　正当化的第二个层次由一些已具雏形的理论假设组成，在这里会出现一些对客观意义丛的不同解释图式。这些图式具有高度的实用性，与具体的行动直接相连。谚语、道德准则和名人金句是这个层次最常见的东西。此外，传说和民间故事也归于其中，它们通常会以诗歌的形式传播。儿童可能会学到这种谚语："盗手足者，手足生疮""内子泣，徐行慰；兄弟呼，疾趋前"。听到"打猎兄弟的忠义之歌"，他可能会备受鼓舞；听到"乱伦兄弟的丧歌"，他可能会被吓得六神无主。

　　正当化的第三个层次则由明晰的理论组成。借助这些理论，某个制度区域（institutional sector）就可以被一个分化的知识体系正当化。这种正当化为制度化行为的各个区域提供了相当全面的参照框架。由于自身具有复杂性和分化性，它们常常需要委托特定个人通过正式的传授程序来进行传播。这样我们就可能看到一个明晰的关于"旁系亲属"（cousinhood）的经济学理论，这一理论说明了"旁系亲属"的权利、义务与标准操作程序。这一学问由氏族长老统握,而且有可能正是在他们原有的经济才能即将消失的时候,他们才接过了上述任务。在少年的成人礼中,长老将上述高级经济学传授给他们。少年在应用这套理论时如果遇到实际困难,长老也会以问题专家的身份出现。假设长老除这些任务外再没别的事可做,那么就算没出现什么应用问题,他们也有可能为消磨时间而反复摆弄这些理论,或者说得更准确一点,长老会在自己的理论活动中发明出一些问题来。换句话说,随着特定正当化理论的发展以及全职司正者的出现,正当化开始超越实际应用并转而成为"纯理论"。到了这个阶段,正当化领域本身就获得了一定程度的自治性。它超越了原本需要被正当化的制度,并最终开启了它自身的制度化进程。^⑱就我们的例子来讲,"旁系亲属科学"(science of cousinhood)就有了自己的生命,它完全独立于那些纯粹"世俗"的表哥表姐、堂弟堂妹的活动。科学家会建立起自己的制度化进程,这些制度超越了这门"科学"原本要正当化的那些制度。对于这种发展,我们可以设想一个讽刺性的结局——"大表哥"这个词不再指称某个亲属角色,而是指在"旁系亲属"的专家体系中占据某种地位的人。

象征世界(symbolic universe)构成了正当化的第四个层次。这一层次包含着各种理论的传统体系,它们把不同的意义领域整合起来,用一个象征总休(symbolic totality)来总括制度秩序(此处的"象征"依据的是前文所下的定义)。^⑲这里我们重申一遍,象征过程指的是现实的符号化过程,而不是日常经验的符号化过程。至于象征域（symbolic sphere）如何联结着最具综合性的正当化层次，也很好理解。实际应用的层次被彻底超越了，正当化由此能够借助象征总体的手段实现，而后者与日常生活已毫无关系。当然，也许有人会用到"理论经验"（theoretical experience）这个词，然而严格来讲，这属于用词不当，它最多能给人一点启发。就意义整合的范围来讲，这个层次的正当化与前面的正当化有着更大的差别。在前一个层次中，多个特定的意义领域以及独立的制度行为过程已经实现了高度的整合，然而到了这个层次，制度秩序的**所有**部分都被整合进一个包罗万象的参照框架，**所有的**人类经验都像是在这个框架中发生，由这一框架所构成的事物很符合"世界"这个词的字面意思。

象征世界是由那些已被社会客体化的且具有主观真实性的**所有"意义"**所构成的矩阵。所有的社会历史以及个人的所有生命历程都是在这个世界中发生的事件，个人生活的边缘情境（所谓边缘，指的是它不属于社会的日常生活现实）也隶属于这个象征世界，这一点尤其重要。⑳这种情境是在梦和幻想等脱离日常生活的意义域中被体验到的，它们属于一种特殊的现实。在象征世界中，这些互相分离的现实领域被整合进一个意义总体，这一意义总体为它们提供了解释或是确证（例如心理学理论解释了梦，轮回理论同时解释**和**确证了梦，这些理论都扎根于一个远比"形而上学"的世界更为复杂的"科学"世界）。诚然，象征世界是以社会客体化的方式被建构起来的，但是它的意义给予能力（meaning-bestowing capacity）远超社会生活的范围，以致即便面对着再孤立的个体经验，个人也能在象征世界中为自己找到"位置"。

在这个正当化层次，对离散的制度化过程的反身性整合（reflective integration）达到了顶点。一个完整的世界被创造出来，任何较小的正当化理论都是这个世界的某一侧面，是看待现象的特殊视角。在这个超越**和**总括了制度秩序的世界中，制度化角色提供了参与世界的各种模式。用前面的例子来讲，"旁系亲属科学"只是一个更庞大的理论体系的一部分，这个理论体系则几乎肯定包含关于宇宙和人的普遍理论。对亲属结构中的"正确"行动来说，最终的正当化依据就来自它们在这个宇宙学和人类学框架中的位置。乱伦就是因为违背了宇宙的神圣秩序和神授的人性而得到了否定性的终极惩罚，错误的经济行为和其他偏离了制度规范的行为也会遭遇这种情况。从原则上讲，终极正当化的限度与官方指定的"现实定义者"，即"司正者"的理论雄心和理论创见是正相关的。当然，具体实践中的制度秩序究竟在多大程度上与宇宙背景精确吻合，还要依不同情况来确定，其中存在着一定的变异。这些变异既有可能来自司正者所遭遇的实用性问题，也有可能是由那些宇宙论专家的理论自负自行发展而来的。

在完成了上述知识的客体化、沉积和积累等过程后，象征世界的结晶化也就完成了。这就意味着象征世界是一个包含着历史的社会产品。一个人如果想理解它的意义，就需要理解这一世界产生的历史。认识到这一点特别重要，因为它说明，人类意识的此类产品在本质上需要通过一种充分发展的和不可避免的总体形式来表现自己。

这里我们可能会追问:象征世界是如何作用于个人生命和制度秩序并将它们正当化的呢?其实对此二者来说,象征世界的作用机制大致相同。从本性上看,象征世界具有规范性和秩序性。①

象征世界提供了一种秩序。在这种秩序中,人们获得了对生命经验的主观理解,隶属于不同现实领域的经验汇聚到同一个意义世界的穹顶下。拿梦来说,象征世界通过日常生活现实来决定梦的意义,一次次做梦就一次次确立了日常生活现实的至尊地位,从而缓解了人们从一种现实切换进另一种现实时遭遇的冲击。②日常生活现实中的那些"飞地"意义域就这样被归入现实的层级体系,从而在实际上表现得不再那么难以理解,不再那么吓人。将这些边缘情境现实整合进日常生活至尊现实的做法非常重要,因为它们对社会中那些理所当然的惯例事物构成了最重大的威胁。我们如果把日常生活至尊现实比作生活的"白日"(daylight side),边缘情境就构成了生活的"黑夜"(night side),它在日常意识的四周不怀好意地埋伏着。"黑夜"有它自身的现实。这种现实多半是邪恶的,因此它就对那些理所当然的、事实性的、"健康"的生活现实构成了持久的威胁。思想会不断地提醒自己("疯子"最擅长此事),日常生活的明亮现实也许只是一个幻象,它随时都有可能被黑夜的现实中的狂暴噩梦所吞没。而象征世界给所有可想象的现实赋予了一定的秩序,于是这些疯狂、可怕的思想就被包容进日常生活现实了，日常生活现实也因此得以保持自己的至尊的和决定性的（也可以说是"最真实"的）地位。

对个人经验来讲，象征世界的这种规范功能可以被很简单地概括为"让一切各安其位"。除此之外，当某人偏离了这种秩序意识的时候（他发现自己正处在边缘情境的经验中），象征世界还可以使他"回归现实"，即回到日常生活现实中。象征世界总括了一切形式的制度行为和制度角色，它在人类经验的层级中为制度秩序赋予了基础地位，从而让制度秩序获得了终极的正当性。

除了整合边缘现实这个极其重要的任务外，象征世界还可以为社会的日常生活**中**所出现的矛盾意义提供最高层级的整合。在前文中我们已经看到，离散的制度行为区域是如何通过前理论反思和理论反思来实现意义整合的。这种整合并不一定要求有个先前已经摆在那里的象征世界。在不求诸象征过程，即在不超越日常经验现实的时候，这种整合也有可能发生。然而，一旦象征世界被安置好了，日常生活中的矛盾区域就可以通过直接指涉象征世界而得到整合。举例来讲，同时扮演表哥角色与地主角色可能会带来意义矛盾，而要整合这种矛盾**未必**需要求助神学。但是，假如社会中有一种常见的神学世界观，人们就能直接用它来化解日常生活中的此类矛盾。于是，夺走表弟的一块土地就不仅是经济上和道德上的坏行为（其负面意义并非来自更远的宇宙维度），它也可以被理解为对宇宙神授秩序的违背。依照这种方式，象征世界把日常角色、优先顺序和操作步骤置于宇宙的层次（这是人们能想象到的最常见的参照背景），从而对它们进行规制并赋予它们正当性。在这个背景中，即便是日常生活的最琐碎的事情中也渗透着深刻的意义。这一过程为整体制度秩序和特定区域提供了强有力的正当化，而它是怎么做到这一点的，到这里就很容易理解了。

象征世界也能为生命的不同阶段赋予秩序，原始社会中的过渡仪式就是这一规范的功能的古老形式。生命的每个阶段都能在人类的意义整体那里找到自己的象征。做一个儿童、做一个青少年、做一个成年人等，生命的这些阶段都被视为象征世界中的某个存在模式（mode of being）（在大多数时候，它是一种与神的世界有关系的特定模式）而被正当化了。这样的象征化显然有助于增强人们的安全感和归属感，但是如果我们觉得这种事情只发生在原始社会，那就大错特错了。那些探讨人格发展的现代心理学理论所实现的正是同样的功能。无论是在原始社会还是现代，跨越自己生命某个阶段的个人都觉得自己在重复某个来自于"事物本质"或来自于自身本质的顺序。于是，他就能再度确认自己在"正确地"生活着。自身生活程序的"正确性"在最高层次的普遍意义那里得到了正当化。这样一来，当一个人回首过往的时候，他的生活就是明了的，而在展望未来时，他仿佛就在一个终极坐标已知的宇宙中继续伸展着自己的生命。

个人主观认同的"正确性"也需要借助同样的正当化功能来

实现。从社会化的本性这一角度来看，主观认同是一个不稳定的实体。㉓它依赖个人与重要他人的关系，而重要他人会发生变化或消失。在个人遭遇前面所说的边缘情境时，他获得的经验会进一步增强主观认同的不确定性。按照"健康"（sane）的标准，个人应拥有一种确定的、稳定的和社会认可的身份认同。但是，即便这种对"健康"的理解能在日常社会互动中保持相对的一致性，它也会不断受到梦和幻想等"超现实主义"变形的威胁，而只有在象征世界的背景中，认同才可以实现终极的正当化。神话会这么说：人真正的名字就是神给他的那个。通过在宇宙现实中定位自己的认同，个人就会"知道自己是谁"。这一宇宙现实不受社会化的偶然性和边缘经验的不良自我转型的干扰。即便一个人的邻居不知道他是谁，即便他在噩梦的挣扎中忘记了自己是谁，他还是能在一个真实宇宙的终极真实体中重新确认自己的"真实自我"。神知道他是谁，精神科学知道他是谁，抑或党派知道他是谁。换句话说，认同背后的**存在者**（*realissimum*）不需要时刻被个人记住，只要它是**可知的**，就足以达到正当化的目的了。对神、精神病学和党派来说，那些已知的或可知的认同恰恰被赋予了至尊现实的地位，于是正当化又一次成功地将人们想象中的身份变形与社会日常生活现实中生发出的认同相整合。象征世界又一次建立起一个层级体系，从"最真实"的身份到最易逝的自我理解身份，都隶属于这一体系。这就意味着个人能够带着一种确信生活在社会中。他确信，在大白天、在重要他人的目光下、在扮演日常社会角色的时候,他所设想的自己就是**真正的**自己。

对个人生活来讲,象征世界还具有一种战略性的正当化功能,这就是"安置"死亡。看到他人死亡并由此产生对自己死亡的预期,这构成了一个人最特殊的边缘情境。㉓同理,死亡也对日常生活中那些理所当然的现实构成了最可怕的威胁,这一点我们无须多言。对任何制度秩序来讲,将死亡整合进社会存在(social existence)的至尊现实都极其重要,因此,将死亡予以正当化就是象征世界最重要的成果之一。至于这种正当化是否使用了对现实的神话的、宗教的或形而上学的解释,并不是这里的首要问题。现代无神论者借助进化论或革命历史的世界观来认识死亡,也是以同样的方式将死亡整合进一个跨现实的象征世界。所有对死亡的正当化都必须承担同一个根本任务——它必须能使人在自己的重要他人死亡后继续生活在社会中,并且使人在面对自己的死亡时不会那么恐惧,或至少要把恐惧程度降低到不至于影响他继续经营自己的日常生活。显而易见,如果不能把死亡现象整合进象征世界,这种正当化是很难完成的。而它一旦完成,就为个人提供了"正确死亡"的秘方。在理想情况下,当这个人快死的时候,这个秘方还会保持效力,于是它就能让这个人"正确地死去"。

恰恰是在对死亡的正当化过程中,象征世界的超越性力量得到了最清晰的体现,日常生活至尊现实的终极正当化展现了它所具有的消减恐惧的基础性能。只有在稳定地抵御了恐惧时,日常生活的社会客体化的优先地位才能在主观上让人们信服。从意义的层面看,制度秩序是抵御恐惧的一面盾牌。背离了规范就意味着失去了这面盾牌,从而会被独自暴露在"噩梦"的攻击中。虽然人具有的社会性使其对恐怖的孤独感已有所认识,但是当他们脱离了社会的惯有构造、丢失了存在的意义的时候,他们才能清楚地体会这种孤独感的含义。象征世界把终极的正当化赋予了制度秩序的保护结构,从而为人们提供了远离终极恐惧的避难所。㊀

象征世界的社会意义(前文讨论的是"个人意义")也能通过同样的方式得到展现。它们就像一顶顶盖子,笼罩和保护着制度秩序和个人生命。它们划定了社会现实的边界:哪些事物与社会互动有关、哪些无关,分界线就在这里。举个极端的例子,在某些原始社会中,**所有事物**都被定义为社会现实,就算无机物也被当成社会事物。在更为常见的划界中,社会事物的范围会狭窄一点儿,仅仅包括有机物世界或动物世界。依照着一个等级序列,象征世界为不同的现象排定了位置,这一等级序列圈定了社会事物的范围。㊁不同类型的人也自然而然地被分配了不同的位置,而且我们常常能看到,在人的多种类型中,有很大一部分(有时就是本集体之外的**所有人**)被定义为非人或次等人,这种定义往往从语言上就能看出来(在极端情况下,本集体的名字就等同于"人")。即使在文明社会中,这种情况也绝不罕见。在传统印度社会的象征世界中,贱民的地位就更接近于动物而不是高种姓的人。这一做法在业报轮回理论中得到了终极的正当化,该理论适用于包含人在内的**所有**生物。也有离我们较近的例子——抵达美洲的西班牙征服者就可能把印第安人看成不同的物种。**这种**做法可以被一个综合性稍弱的理论正当化,该理论"证明"了印第安人不可能是亚当和夏娃的子孙。

象征世界也为历史安排了秩序。它把所有的集体事件都放置于一个包含着过去、现在和将来的统一体中。对过去而言,象征世界为集体中所有已经社会化的个人建立起一种共同的"记忆"。[77]对未来而言,象征世界为个体的行动规划提供了共同的参照框架。于是,象征世界就把人们同他们的祖先和后代在一个有意义的整体中连接起来,[78]超越了个人存在的限制,赋予人的死亡以意义。所有的社会成员都认为自己**属于**一个有意义的世界,这个世界在他们出生之前就已存在,在他们死后依然留存。经验共同体由此被转置到宇宙的层次。它是一个庄严的独立存在,不同于个人存在的易变无常。[79]

正如我们所看到的,象征世界对**所有**离散的制度过程进行了综合,整体社会的意义因而得以浮现。特定制度和特定角色都需要在一个综合性的意义世界中定位自身,以此寻求正当化。在参照了权力与正义的宇宙秩序后,政治秩序就得到了正当化,而政治角色也被正当化为这些宇宙原则的代理人。古代社会的君权神授制度就很好地说明了这种终极正当化的运作方式。然而,如同个人生命的秩序一样,制度秩序也会持续受到无意义现实的威胁,理解这一点相当重要。制度秩序的正当化也需要持续不断地避免混乱。**所有的**社会现实都是岌岌可危的。**所有的**社会都是被混乱包围的建筑。当那些原本可以遮蔽危险的正当化举措受到威胁或行将瓦解的时候，一直潜伏着的失范恐惧（anomic terror）就变成了现实。国王的死会让人们害怕，当这种死亡还伴随着突发暴力时，上述恐惧就产生了。在这个时候，人可能会产生同情心或一些实际的政治考虑，但是位于它们之上的是一种对于混乱的恐惧意识。这是国王的死所带来的。公众对肯尼迪总统遇刺的反应就是一个有力的例证。因而我们不难理解，为什么在这种事情发生后，社会立刻就会对这些象征所守护的现实进行最为庄重的再确认。

象征世界根源于人的生物构造。如果社会中的人是世界的建构者，那么其原因就在于人的生物构造具有世界的开放性。这种开放性本来就意味着秩序与混乱之间的矛盾。人类的存在从一开始就是一种持续的外化。当人们将自己外化的时候，便建立起了可以实现这一过程的世界。在外化的过程中，个人把自身的意义投向现实。在象征世界中，**所有**的现实都具有人的意义，**整个**宇宙都确认着人的存在的正确性。因而，象征世界就是人类意义能够投射的最远距离。[30]

二、维护世界的概念装置

作为 种认知上的建构，象征世界是理论性的事物。它产生于人们的主观反思过程。在社会客体化的基础上，这些反思过程建立起了意义主题之间的明确联结，而不同的意义主题根源于不同的情境。由此而言,无论某象征世界在"无情"(unsympathetic)的外部人士眼中多么地不成系统、不合逻辑,它的理论特性都是毋庸置疑的。不过话说回来,人们同样可以以一种天真的姿态生活在象征世界中,实际情况往往也正是这样。尽管象征世界的建立乃是基于某些人(对这些人来说,整个世界或者更准确地说,制度秩序出现了问题)的理论反思,但是每个人都能以一种理所当然的态度"居住"(inhabit)在象征世界中。如果制度秩序被视为一个理所当然的意义整体,它的正当化就必须借助于一个象征世界来完成。可是在同样的情况下,象征世界自身不需要进一步的正当化。只有在制度秩序出问题而非象征世界出问题时,才需要用理论来解决问题。在前文所讨论的亲属关系正当化的例子里,一旦亲属制度在宇宙中神的亲属世界那里找到了位置,它就不再是一个缺少"附加"意义的简单社会事实了。然而神话本身可以被天真、朴素地接受,人们不需要对它进行额外的理论反思。

只有在象征世界被客体化为理论思维的"第一级"(first)产品时,人们才有可能对象征世界的本性做出系统性的理论反思。象征世界在最高的普遍性层次将制度秩序予以正当化,而对象征世界本身的理论化就可以被视为第二级的正当化。不同的正当化之间具有梯度,从最简单的对离散的制度意义进行前理论的正当化,到象征世界在宇宙中的设置,全都可以被称为世界维护装置(machineries of universe-maintenance)。显然,这马上就对概念的

"老练"（sophistication）提出了相当高的要求。

要在具体的例子中为"天真"和"老练"划定一个确定的边界，实有困难。不过，如果在这些例子中做出一种分析性的区分，那还是有些用处的，因为这会使我们注意到一个问题：象征世界在多大程度上被人们视为理所当然？在这一点上，我们所要分析的问题与前面讨论正当化时遇到的问题显然是类似的。制度中有着不同层次的正当化，象征世界中也有着不同层次的正当化，二者的区别在于后者不能还原到前理论层次。原因很简单，象征世界本身就是一种理论现象，即使人们很天真地接受它，它依然是理论现象。

与讨论制度时的情形一样，一旦出现了某些特定情境，人们就要使用维护世界的具体概念装置对象征世界进行正当化，而此时的具体做法也类似于关于制度的情形。当象征世界成**"问题"**的时候，具体的世界维护手段就是必要的。如果没有发生问题，象征世界就是自我维持的，即它通过社会中客观存在的绝对事实性来进行自我正当化。我们可以想象这样一个社会，它是和谐的、自我封闭的，是一个完美的功能"系统"。可是，这种社会在实际中并不存在。制度化过程带有不可避免的张力，更何况我们都知道这样一个事实：所有的社会现象都是由人类活动在历史中制造出来的**建构物**，没有任何社会是完全理所当然的，象征世界更不会这样。每一个象征世界天生都是有问题的，我们在这里需要关心的问题是，它们究竟在**多大程度**上是"有问题的"？

当象征世界从一代人传递到另一代人那里时，一个固有的问题就会随传递过程暴露出来。这个问题在我们讨论"传统"的时候就已经出现。社会化永远都不可能彻底成功。某些人会比其他人更坚定地"居住"在这个由他人传递而来的世界中。即便是那些资历或深或浅的合格"居民"，在想象这一世界时也存在着个性化的差异。说得更准确一些，人们不可能像体验日常生活那样去体验象征世界。象征世界在本质上超越了日常生活。人们不可能像传授日常生活的意义那样，用一种直白的方式把象征世界的意义"教"给下一代。与日常生活中的制度现实问题相比，当孩子们针对象征世界提出问题时，人们必须得用一种更复杂的方式来回答；有些比较另类的成人也会提出问题，而要回答这些问题则需要进一步澄清概念。在前面的例子中，当承担角色任务的、有血有肉的表兄弟亲身参与日常生活的例行事务时，他们就诠释了"旁系亲属"的意义。因此，从经验上来讲，我们能明白人类的表兄弟是什么。然而，神界的表兄弟是什么呢？这就是神圣"旁系亲属"制的教育者需要处理的本质难题，其他的象征世界在传播时也都会遇到大致相同的问题。

当多个群体的居民分享了象征世界的不同变异版本时，上述本质性的难题就变得更严重了。在这种情况下，客体化的必然后果导致变异的象征世界凝结为一种自证的现实。它一旦出现在社会中，就会对原本已构建的象征世界的现实地位发起挑战。那些已然将这一变异现实予以客体化的群体就承载了一种替代的现实定义。⑩显然，这些异端群体不仅对象征世界构成了理论威胁，也对被象征世界正当化的制度秩序构成了实践上的挑战。此时那些"官方的"现实定义的守护者会采取什么样的压制手段来对付这些群体，不是我们在这里要考虑的问题，我们需要注意的是，他们所采取的压制手段是需要得到正当化的。这就意味着，如果要在面对异端挑战时继续维系"官方的"世界，就需要设计出各种概念装置，让它们依照一定的设定运转起来。

从历史上看，关于异端的问题常常是人们对象征世界进行系统的理论概念化的第一推动力。历史上，基督教神学思想的发展就是一个绝好的例子，它的发展正是一系列异端对"正统"学说进行挑战的结果。对任何理论工作来说，传统所具有的新的理论含义都在这个过程中出现，新的概念化推动着传统超越了它的原有形式。比如，早期教会议会的那种精密的基督论就不是由传统本身催生的，而是为了应对异端的挑战才出现的。当基督论被明确制定出来后，传统即被维持与扩张。此外，还出现了一些创新，如三位一体的理论概念。此概念一方面不是必要的，另一方面在早期基督教共同体中也是不存在的。换句话说，象征世界既被概念装置正当化，也被其修正，而概念装置乃是为了抵御社会中异端群体的挑战才被构建出来的。

当一个社会与另一个具有截然不同的历史的社会相遇时，世界维护的概念化就获得了一个重要的发展契机。⑫与本社会内部的异端所造成的问题相比，这种相遇所造成的问题更加尖锐，因为它带来的替代性象征世界也是一个"官方的"传统，并且这一传统和本社会的传统一样有着理所当然的客观性。相比较而言，本社会中的少数越轨群体给象征世界的现实地位所带来的冲击要小得多，因为这些群体的对立行为在本质上被定义成愚蠢的或邪恶的，而在面对另一个社会时，**本社会**对现实所做的定义反而成了无知的、疯狂的，甚至是罪大恶极的。⑧也许我们身边有一些人甚至是一些小群体不能或不愿遵守旁系亲属关系的制度规则，然而如果我们遇到一个从来没有听说过这些制度规则的社会，这个社会的字典里可能都没有"表哥"这个词，但它看上去运转良好，那就完全是另外一码事了。面对着这个社会所提供的替代世界，本社会的象征世界有什么样的理由来继续维持自身的至高地位呢？这个问题需要认真解决。这时就要用到相当复杂的概念装置了。

上述替代性象征世界的出现之所以会带来威胁，原因在于它的存在从经验上说明了一个社会自身的象征世界不再是必然的。人们认识到，人类完全有可能生活在一个没有旁系亲属制的社会中，否认甚至嘲弄旁系亲属制社会中的众神并不会立刻招致上天的惩罚。对于这种冲击性的事实，必须得有理论来处理。或许替代世界还带有推广自身的诉求。原社会中的个人或群体可能被它吸引，从而"逃离"（emigrate）原有的传统世界，甚至可能出现更重大的风险，即这些人或群体在新世界图景的吸引下开始尝试着改变旧秩序。不难想象，希腊父权制社会的出现会给东地中海沿岸的母系社会带来多大的不安。对母系社会的那些惧内的**男性**

来说，希腊社会必然显得很有吸引力。反过来看，我们也知道，众神之母（Great Mother）对希腊人也产生了很大的影响。要解决这个问题就必须运用一些概念性的解释，这种解释在希腊神话中随处可见。

这里需要强调一点：与所有的正当化形式一样，维护世界的概念装置本身是社会活动的产品。如果把它们与集体的其他活动隔离开来，我们就很难真正理解它们。更确切地说，特定的概念装置是否能成功运作与运作者所拥有的权力有关。[83]与替代性象征世界的对抗其实意味着一个权力问题，它决定了在彼此矛盾的现实定义中，哪一种定义对社会来说才是说话算话的。如果两个社会有彼此对立的象征世界，那么它们在相遇时都会发展出各自的概念装置来维护自身的世界。从内在合理性的角度来看，这两种形式的概念化对局外人来讲没有高低之分。二者之间谁会胜利，更取决于权力，而不是看哪一方的正当化理论更精巧。我们可以想象一下，同样老练的奥林匹亚传教者和亡灵派传教者在基督教各派的讨论会中相遇，心平气和、不怒不苦（*sine ira et studio*）地讲述各自的象征世界的价值。但是真正能够解决问题

> *Sine ira et studio*，拉丁文。塔西佗在《编年史》一书的开篇用了这个词组，旨在说明自己对待历史的态度。现有中译本将其译为"既不会心怀愤懑，也不会意存偏袒"[塔西佗：《编年史（上册）》，王以铸、崔妙英译，商务印书馆1981年版，"前言"]。在后来西方学者围绕着现代性所展开的争论中，这个词组占据重要位置。

的，往往是粗鄙的军事力量。历史上每一次诸神之争的结果都取决于谁有更完美的武器而不是谁有更完美的论证。社会内部的此类矛盾当然也得这么解决。权力越大的人越有机会把自己对现实的定义强加给其他人。对任何更大的集体来讲，这一点基本都是适用的，尽管某些政治无涉的理论家有可能不采用粗暴的办法来相互说服。

维护象征世界的概念装置始终系统地结合了认知和规范两种正当化。这两种正当化在社会中以一种较自然的方式展现，并且在象征世界中结晶。换句话说，维护象征世界的正当化所需的那些资源，多半是在更高的理论整合层次上对各项制度的正当化的追加阐释。因此，在解释（explanatory）图式和训诫（exhortatory）图式之间就存在着一个连续体，其两端分别是最低理论层次的正当化和详解宇宙的宏大智力构造。从经验上讲，认知的和规范的概念化之间的关系是不稳定的，因为规范的概念化总是暗含着特定的认知预设。然而这种分析性的区分仍然有用，它尤其可以提醒我们注意一个情况：对两种概念化的区分常常是不确定的。

我们显然无法对历史上的各种维护世界的概念装置展开详尽讨论，[65]但是不妨关注一下其中某些较为突出的概念装置，如神话、神学、哲学和科学。不管这几种概念装置是否遵循进化论的发展模式，神话都毋庸置疑是最古老的世界维护模式，也是最古老的正当化形式。[66]对人类思想的发展来说，神话极有可能是一个必经阶段。⁸⁷在我们看来，最古老的世界维护概念化就是以神话的形式出现的。基于我们的分析目的，我们不妨给它下如下定义：神话是一种现实概念，它不断地让神圣力量穿透日常的经验世界。⁸⁸这种概念很自然地要求在社会和宇宙秩序之间以及它们各自的正当化之间保持高度统一。⁸⁹所有的现实看上去就是铁板一块。

　　作为一种概念装置，神话最贴近象征世界的朴素层级。在理论上维护世界对这一层级来说没有多大必要，人们并不需要为这个世界的实际存在提供一种超越性的客观现实。这也顺带解释了一个常见的历史现象，即为什么不一致的神话传统在缺少理论整合时能够共存。通常来说，只有在传统出现问题、某种整合已经发生**之后**，这种不一致才能被人们看到。"发现"这种不一致的人（可把他们称为"事后诸葛亮"），通常是传统世界中的专家。对于相互分离的传统的主题，他们是最常见的整合者。一旦他们发觉了整合的必要，随之而来的再造的神话就可能表现出相当惊人的理论高度。荷马的例子足以说明这一点。

　　之所以说神话最贴近朴素层级的象征世界，也是因为，尽管在神话传统里也存在专家，但是普通人也大都明白神话中的知识。要从外部进入这些专家所掌管的传统殊为困难，因为人员的选择、场合、时间都受限制，也许还需要准备大量繁复的仪式。然而就知识体系本身的内在属性来讲，神话知识并不难获得。因此，如果真要让专家的知识像他们自己的垄断话语所描述的那样不易为人通晓，那就需要建立一套制度。于是，一种"秘密"就产生了。那些原本开放易懂（exoteric）的知识体系就被一些诡秘难懂（esoteric）的术语在制度上重新定义了。简单看一下当代理论家圈子的"公共关系"，我们就能明白，这种古老的伎俩远未消亡。不过我们也得注意，在某些社会中，所有的世界维护概念化都是神话，但在另一些社会中并非如此，这两种社会之间尚存在着重要的社会学差异。

那些更加精巧的神话系统都致力于消除不一致。它们用理论上被整合的术语来维护神话世界。这种"正统"（canonical）的神话随之转变成了神学概念。从我们的分析角度来看，同它的神话先驱相比，神学思维的理论综合程度更高。神学的概念距离朴素层级更远。虽然宇宙仍然可以被想象成古老神话中的神圣力量或神圣存在，但是这些神圣物相对来讲让人感觉陌生得多。神话思想在人的世界和神的世界的连续体中展开，神学思想则被用来调节这两个世界，盖因二者之间的连续性在此时已被破坏。从神话阶段过渡到神学阶段后，日常生活中就不再一直渗透着神圣力量。神学知识体系也被从社会的日常知识库中剥离出来，因此在内在属性上更难把握。即使是那些并未被刻意制度化为秘传事物之事，对一般大众来讲也是难懂的，也都属于"秘密"。进一步来说，对于神学专家所编造出来的复杂的世界维护理论，大众可能会表现得比较漠然。在历史上我们常常能够看到，大众的朴素神话与理论精英的复杂神学并存，二者**共同**维持着同一个象征世界。只有理解了这种现象，我们才有可能把远东的传统社会称为

"佛教社会"，也才有可能把中世纪的西欧社会称为"基督教社会"。

神学为后来的哲学和科学的宇宙概念体系树立了典范。尽管神学对现实的定义中包含着与神话相近的宗教内容，但它的社会位置更接近后来的世俗的概念化。与神话不同，其他三类在历史上占有主导地位的概念装置都变成了专家型精英的财产。这些人的整个知识体系日渐脱离了社会的常识性知识。现代科学就是这种发展的极端阶段，它使世界维护的世俗化和复杂化程度达到了极致。科学不仅彻底地把神圣物从日常生活世界中拿走，也把世界维护的知识拿走了。日常生活在原有正当化中的神圣性被剥夺了，丧失了一种与象征世界的总体意蕴相联系的理论理解力。说得更简单一些，尽管社会中的普通成员依然知道是哪些专家在负责世界的概念维护，但是他再也搞不懂世界是如何得到维护的了。在这个情境中会浮现出一些有趣的问题，它们都属于当代社会的经验知识社会学，在这里我们就不展开讨论了。

毫无疑问，历史上出现的概念装置类型呈现为不计其数的修正与组合的形式，我们所讨论的类型不可能将它们穷尽。不过，对维护世界的概念装置来说，有两种具有普遍理论意义的应用方式，即治疗（therapy）与虚无（nihilation）。

所谓治疗，指的是使用概念装置来确保实际的或潜在的越轨者继续待在现实的制度定义中。换句话说，就是防止原有世界中的居民"移民"。此时，它就把正当化工具运用到个体的身上了。

每个社会都面临个体越轨的风险,因此我们也就可以断定,以某种形式开展的治疗肯定是一个全球性的社会现象。从驱邪(exorcism)到精神分析,从教牧关怀(pastoral care)到个人咨询项目,这些具体的制度安排无疑都隶属于社会控制的范畴。但是,我们所感兴趣的,是治疗所使用的**概念**。由于治疗必须关注那些对现实的"官方的"定义的偏离,它就必须发展出一些概念装置来解释这些偏离,从而维护被挑战的现实。这样我们就需要一个知识体系,其中包括一套越轨理论、一种诊断装置以及一个能够"治愈灵魂"的概念系统。

举例来讲,在一个有着"军事同性恋"(military homosexuality)制度的社会中,一个顽固的异性恋者无疑就是待治疗的对象。这不仅是因为他的性取向会明显地威胁其所属的"恋人战士"(warrior-lovers)部队的战斗力,也是因为,对其他人天生的男子气概来说,他的越轨带来了心理上的颠覆。毕竟,他们中的某些人有可能(也许是下意识的)会加以效仿。从更本质的层面看,越轨者的行为挑战了社会现实,他把理所当然的东西问题化了,以往的认知运作程序(男子汉天生爱男子汉)和规范运作程序(男子汉**应该**爱男子汉)都成了问题。因而越轨者就可能成为对众神的"活"的亵渎,因为神在天堂里彼此相爱,而他们的信徒在地球上也是这么照做的。对于这种剧烈的越轨,需要用一种由扎实的治疗理论支撑的治疗实践来干预。这就需要一套能够解释这种骇人现象(比如说"恶魔附体")的越轨理论(一种病理学）；也需要一套诊断概念（比如症候学，外加可以将其运用于神断法中的一些相应技能）。在理想情况下，这些概念既能对严重情况做出精确诊断，也能监测出"潜在的异性恋者"并采取及时的预防措施。最后，针对治疗过程本身还得有一套概念体系（比如一篇关于驱邪技术的汇编目录，其中每项技术都有充分的理论基础）。

这样一套概念装置被相关专家应用在治疗中，就可以被苦陷于越轨情境的人所内化。内化本身就属于一种疗效。比如在前面的例子中，那些被设计出来的概念装置就可能让人产生内疚感（比如"异性恋恐惧症"）。只要这个人身上曾发生过一点点成功的基础社会化，要治疗他就不会太难。在这种内疚的压力下，个人会学着在主观上接受治疗专家对自己所处境况的概念化。于是，他就获得了"洞察力"（insight），专家给出的诊断对他来说就成为主观上真实的东西。有些概念装置会被进一步开发出来，将无论是治疗者还是"患者"对于治疗的怀疑都概念化。如果患者对治疗有所怀疑，就可能会有一个"抵抗理论"来解决问题；如果治疗者产生了怀疑，就会有一个"反移情理论"来解决问题。成功的治疗会在概念装置及其在个人意识中的主观对应物间建立起一种对称，让越轨者在社会象征世界的客观现实中实现再社会化。在这个重返"常态"的过程中，个体必然也会获得相当强的主观舒适感。在"找到自我"这种幸福知识的指引下，这个人重新回到了战友们爱的怀抱。在神的眼里，他变回了一个好孩子。

治疗是使用概念装置把人留在原有世界里,虚无则是利用类似的装置把**外在于**本世界的所有事物在概念上予以清扫,这一步也可被称为负面的正当化。正当化维持了社会所建构的世界的现实性,虚无则**否定**了一切与原世界不相容的现实,不管它是现象还是对现象的解释。具体来讲,虚无可以有两种做法。第一,赋予偏常现象一种负面的本体论地位。这些偏常现象也许可以治疗,也许无可救药。概念装置的虚无最常用于社会的外部人或外部群体,这些人没有资格接受治疗。这里的概念运作相当简单。"社会定义的现实"所遭遇的威胁可以通过以下办法化解:为象征世界之外的所有定义分配一个低等的本体论地位,由此在认知的层面上对它们就不用太认真了。这样一来,我们就可以通过概念清扫的方式消除周围的反同性恋群体给我们的同性恋社会所造成的威胁。把我们的这些邻居看作比不上人类的、对事物的正确秩序先天糊涂的、处于无尽的认知黑暗深处的居民。这里的基础三段论便是:这些邻居是部落里的野蛮人;这些邻居是反同性恋的;这样,他们的反同性恋态度就体现了野蛮人的无知,不值得理性的人去认真对待。当然,同样的概念化程序也可以运用到社会中的越轨者身上。是从虚无过渡到治疗,还是索性进一步在物理层面清扫那些在概念上已被清扫过的东西,这是一个实际决策的问题。很多时候,在概念上被清扫的群体拥有多少物质权力是一个至关重要的因素。有时候,客观情况会迫使你很无奈地同那些野蛮人保持友好关系。

第二，虚无还涉及一个更有野心的企图，即它会尝试**用**原本世界中的概念来解释一切对于现实的偏常定义。在神学的参照框架内，这就意味着从异教论（heresiology）切换到了护教学（apologetics）。偏常不仅被赋予负面地位，还被人们从理论角度细细推敲。这么做的终极目的是要把偏常的概念**吸收**（incorporate）进原有世界，从而把它们彻底清扫掉。因此，偏常的概念就必须被**转译**为原有世界中的概念。凭借这种做法，对一个世界的反对就被巧妙地转换为对这个世界的肯定。人们总是假定反对者并不真正知道自己在说什么。只有将反对者的话转译成其所反对的象征世界中的"正确的"术语，这些话才变得有意义。我们的同性恋理论家可能会主张，所有的男人天生都是同性恋，而否定这一点的人，要不然是恶魔附身，要不然就是野蛮人，否则他们不会否定自己的天性。在他们内心深处，他们是知道这一点的。因此一个人只能仔细地琢磨自己的观点，看看自己是多么闭塞，多么自欺。从表面上看，他们所说的东西本来都是否定同性恋世界的，但都能被转译为肯定性的意见。在有关神学的讨论中也会发生同样的事情，经过虚无的处理后人们能证明：魔鬼会不自知地赞美上帝，所有的不信仰都是无意识的不诚实，无神论者**实际上**也是信徒。

概念装置的"治疗"应用和"虚无"应用都内在于象征世界。假使象征世界需要理解所有现实，那么任何现实都不能处于它的概念范围之外。原则上讲，无论在什么情况下，象征世界对现实的定义都得囊括存在的总体（totality of being）。从历史上看，实现了总体化的概念装置在复杂程度上是多变的。但是，只要象征世界被结晶，它们就会出现。

三、维护世界的社会组织

所有社会建构的世界都属于人类活动的历史产物，故而它们会随人类的具体活动发生变化。如果一个人沉迷于维系某个特定世界的复杂概念装置，那么他就有可能忘记这个基本的社会学事实。现实是由社会定义的，但是，这种定义也是**具身**的。也就是说，特定的个人或群体乃是这些现实的定义者。要理解社会建构的世界在某一给定时刻的状态或是要了解它随时间所发生的变化，人们就必须了解该世界背后的社会组织。只有存在着相应的社会组织，人们才有可能对这一世界进行某种定义。这个道理可以说得再简单一点：在对历史上那些有关现实的概念体系进行分析时，我们必须要把问题由抽象的"是什么"（What？）转化为具体的社会学问题"谁说的"（Says who？）。⑳

正如我们已经看到的，社会分工带来了知识的专业化，而在相应的专业知识体系的管理人员中也出现了组织化。在这一过程的早期，想来并不会存在专家之间的竞争。每个领域的专业技能是由劳动分工的实用性事实所决定的。打猎的专家不会声称自己有钓鱼专长，因而他没可能去跟钓鱼专家一争高下。

随着更复杂的知识形式的出现以及经济剩余的增多，专家们全职投入自己的专业事务。而随着概念装置的发展，这些专业事务逐渐远离了日常生活的实用需求。掌管这些精巧的知识体系的专家会为自己谋求一种新的地位。他们不满足于自己仅是社会知识库中这个或那个部门的专家，还要为自己争取对知识库总体意义的裁判权，成为所谓的全能专家（universal experts）。这里所说的全能，**并不是**说他们认为自己什么都懂，而是说他们认为，对于所有人的所知和所为，他们都通晓其意义。其他人有可能继续占有现实的个别领域，可他们宣称，只有自己才能对现实进行终极定义。

知识发展到这一阶段，就带来了一系列后果。第一，正如我们已经讨论过的，到了这个时候，纯理论就出现了。全能专家在相当抽象的层次处理问题，这一层次远远脱离了变幻无常的日常生活，因此其他人和他们自己都会总结说，他们的理论同正在不断发展的社会生活没什么联系，而是隶属于一种非历史和非社会的柏拉图天堂。这种讲法无疑是一种幻觉，但是鉴于现实定义与现实创造之间的关系，这种幻觉发挥着很大的社会—历史效力。

第二个后果是，当制度行动被如此正当化以后，它的传统主义（traditionalism）就会增强。也就是说，制度的内在惰性会变得更强。⑩惯例化和制度化本身都会削弱人类行动的灵活性。除非遇到"问题"，否则制度就倾向于维持原有状态，而终极正当化势必又会加强这种倾向。正当化越抽象，它对紧急事务的变动的响应就越迟钝。在原有倾向的基础上再辅以充足的理由，该倾向还会显著加强。这也就意味着,就算在局外人眼中已经丧失了原初的功能和实用性,制度依然能够得到维持。人们做一件事,并不是因为这件事**有用**(work),而是因为这件事**是正确的**(right)——这里的"**正确的**",就是指符合全能专家针对现实所颁布的终极定义。⑫

当维护世界正当化的全职人员出现时,某些社会冲突也就随之出现了。此类冲突有时发生在专家与实践者之间。很显然,后者可能会厌恶前者的宏伟主张和他们所拥有的社会特权。特别令人恼火的是,专家竟然声称他们比实践者自己更明白实践活动的终极意义。"普通人"的这种反抗可能会导致出现一种关于现实的对立定义,以致最终出现掌管着新定义的新专家。在这方面,古印度为我们提供了最好的历史实例。作为掌管终极现实的专家,婆罗门在把他们自己对于现实的定义强加给整个社会时获得了惊人的成功。不管种姓制度拥有怎样的起源,作为婆罗门构建的产物,它延续了多个世纪,到后来几乎覆盖了印度次大陆。实际上,当时一个又一个土邦国王都邀请婆罗门来担任"社会工程师"(social engineers),于是种姓制度就拓展到新的土地上(国王之所以这么做,一方面是因为他们觉得种姓制度代表着更高级的文明,另一方面无疑是因为他们看到了种姓制度所包含的无限的社会控制力)。在摩奴法典(Code of Manu)中我们可以很清楚地看到婆罗门是如何设计社会的,以及在被认可为宇宙指定的社会设计者之后他们获得了多么多的世俗利益。不过到了这个时候,接踵而来的必然就是理论家与权力实践者之间的冲突。实践者的代表是刹帝利,这是武士和王族的种姓。古印度的史诗《摩诃婆罗多》(Mahabharata)和《罗摩衍那》(Ramayana)就翔实地记载了这类冲突。针对婆罗门世界的两种主要理论反抗——耆那教和佛教,都来自刹帝利种姓所处的社会地位,这绝不是巧合。耆那教徒和佛教徒在对现实进行再定义时也都自然地创造出了他们自己的专家人选,比如那些以不太全面和不太精致的方式来挑战婆罗门世界的史诗作者。⑱

下面我们可以看看另一种可能发生的、同等重要的冲突,即相互竞争的专家小圈子之间的冲突。如果理论具有直接的实用性,那么实用性检验可以公平地决定哪种理论能存活下来。对于如何打野猪可能存在着竞争理论,对立的专家圈子也发展出了各自的既得利益,但这个问题解决起来比较容易,我们只要看看哪种理论更有利于打到最多的野猪即可。然而,如果要在多神论和主神论之间做出选择,就不可能用这种办法了。此时对立双方的理论家就不得不用抽象的论证来代替实用检验。这种论证在本质上不具备实践成就所具有的内在说服力,因为能说服一个人的东西未必能说服其他人。因此,如果这些理论家由于纯粹论证的无力而求助于其他强力的支持(比如让统治者使用武力来迫使对方接纳自己的论证),我们可不要大惊小怪。换句话说,对现实的定义可以通过政治力量来实现。从说服力来看,以这种方式所实现的现实定义未必就比不上那些人们"自愿"接受的定义,其原因在于，社会中的"权力"还包括那些在决定性的社会过程中发挥关键作用的、能够**创造**现实的权力。高度抽象的象征符号（那些远离了日常生活具体经验的理论）永远都是依赖"社会性支持"而非"经验性支持"来获得有效性的。⑭这种逻辑可谓一种伪实用主义。因为**"有用"**，理论又变得有说服力了，而所谓的"有用"，就是指它在该社会中成为标准的、理所当然的知识。

上述讨论揭示出一个道理：在对立的现实定义相互竞争之时，必然存在着一个社会结构的根基。这一根基的发展态势即使不能直接决定竞争的结果，也必然会深深地影响它。当然，在几乎完全远离社会结构宏大运动的地方，人们也很有可能创造出深奥的理论，此时对立专家之间的竞争就发生在类似于社会真空的地方。比方说，在沙漠的中央有两个隐居托钵僧（eremitical dervishes）的小团体，他们一直争论着宇宙的终极本性问题，外界没有人对他们的争论有哪怕一丁点儿的兴趣。然而，一旦双方的观点为周围社会所了解，能决定争论胜负的就是理论之外的利益了。对于相互竞争的理论，不同的社会群体与之有着不同的亲和性。这些群体就成为理论的"承载者"（carriers）。⑮于是，托钵僧理论 A 比较吸引上层阶级，而托钵僧理论 B 比较吸引社会的中间阶层，可是吸引的原因完全远离了最初鼓舞着理论创造者的那些情感。专家的竞争圈子就这样被吸纳进了承载者群体，而他们接下来的命运就取决于另一种冲突的结果，也就是之前促使承载者群体接受各自理论的某种冲突。于是，定义现实的理论之争就这样被对立的社会利益所决定了，而后者的对立反过来仍需要被"翻译"成理论术语。至于对立的专家及各自的支持者在主观上是否"忠实"于自己的理论，这个问题对我们所做的社会学解读来说就不是那么重要了。

当致力于对现实做出不同终极定义的专家群体之间既有理论竞争也有实际竞争的时候，理论的去实用化取向就被倒转，它的实用潜质就会外显。也就是说，一个理论是否具有实用的优势，并不是看它的内在品质，而是要看它对作为其承载者的社会利益群体有什么样的适用性。这就使得理论专家的社会组织在历史中呈现出丰富的多样性。我们显然无法将它们穷尽，但是，看看其中最常见的几个类型，还是相当有意义的。

排在首位的是一种可被称为典范的类型，该类型中的全能专家有可能有效垄断着社会中的所有终极现实定义。之所以把这种情形称为典范，是因为我们有比较充分的理由相信，人类历史在早期阶段都是这个样子的。这种垄断意味着维持着该世界的是某个单一的象征传统，存在于社会中就意味着对传统的接受。这个传统中的专家几乎被社会中的所有成员接受，并不存在需要他们对付的有力竞争者。从历史经验来看，我们所了解的原始社会全都属于这一类型，而大多数古代文明也是这一类型的变体。⑯在这些社会中并非没有怀疑论者，并不是所有人都无一例外地将传统完全内化，但是这些怀疑主义没有实现社会组织化，因而无法对"官方的"传统的支持者构成挑战。⑰

在这种类型中,垄断传统及其专家治理者由一个统一的权力结构来支撑。那些占据着决定性权力位置的人时刻准备着用权力来将自己对现实的传统定义强加给被他们统治的大众。只要他们一出现,任何潜在的、对于世界的竞争性定义就被清除了。这种清除或是消灭身体("对上帝不敬就得死"),或是被整合进传统(全能专家会说,与他们对峙的神祇 Y 没有实际内涵,它只是传统神祇 X 的一部分或另一个名字罢了)。在后面这种情况下,一旦专家成功地说服了人们,原本竞争的世界就被"合并"(merger)了,传统就变得更加丰富多样。人们也可以用社会隔离的办法来使竞争变得"无害"于垄断传统,例如征服者或统治群体中没有人会信奉 Y 类型的神,而被征服者和低阶层的人可能会信奉 Y 类型的神。这种保护性的隔离会针对外国人或"客居者"(guest peoples)实施。⑱

中世纪的基督教社会(我们当然不能称其为原始社会或古代社会,但它也是一个拥有实际的象征性垄断的社会)就为上述三种清除手段提供了绝好的实例说明。对于公开的异端,不管它是以个人形式(比如女巫)存在还是以集体形式(比如阿尔比教派)存在,都必须在身体上予以消灭。与此同时,民间的信仰和行为只要没有汇聚成一股清晰的对基督教世界的异端挑战势力,作为基督教垄断传统守卫者的教会就会相当灵活地将它们吸纳进自身的传统。如果农夫让他们某个旧有的神"受洗",将其视为基督教的圣人,继续讲述关于这个神的老旧故事,继续庆祝原先的节日，这也无妨。在那些针对现实的竞争定义中，至少有一部分可以在基督教社会中被隔离开来而不被看成威胁。犹太人显然是最重要的一个例子，而即便是基督教徒和穆斯林在和平年代被迫聚居在一起的时候，结果也差不多。当然，这种隔离也会附带着对于犹太世界和穆斯林世界的保护，使它们不受基督教世界的"污染"。只要概念隔离和社会隔离能使那些相互竞争的现实定义只适用于陌生人，而与自己毫无关系，那么自己和陌生人就有可能保持相当友好的关系。然而只要"陌生的东西"（strangeness）突破了界限，本来偏常的世界也成了自己人的一种彼岸时，麻烦就会出现了。到了这个时候，传统的专家就很可能要召唤"火与剑"了。另一种可能性当然也存在，尤其是当火与剑不可用的时候，他们就会开始与竞争者就宗教合一的问题进行协商了。

这种垄断情境以社会结构的高度稳定为前提，它们自身也具有稳定结构的功能。对现实的传统定义会抑制社会变迁；反之，一旦打破了人们对于垄断的理所当然的接受，社会变迁就会加速。某些人可以通过维持既有权力地位来获得利益，某些人则掌管着维护世界的垄断传统，如果这两种人表现出强烈的亲和性，那我们不必惊讶。换句话说，保守的政治力量倾向于支持全能专家的垄断主张，而全能专家的垄断组织也必然带来保守的政治倾向。从历史上来看，这种垄断大多数是宗教性质的，因此我们可以说，作为全职专家（这些专家给现实所下的是宗教定义）的垄断组合，教会一旦成功地在某个社会中建立起垄断后，它的本质便是保守的。同时，那些希望维持现有政治秩序的统治阶级在宗教取向上天生就会倾向教会，因而也就会对关于宗教传统的所有创新抱有怀疑的态度。⁹⁹

有许多历史原因会导致垄断情境无法建立或难以维持，这些原因有"外人的"（international），也有"自家的"（domestic）。因此，相互竞争的传统及其管理者之间的斗争有可能会维持相当长的时间。当对现实的特定定义联结着具体的权力利益时，我们就可以将其称为"意识形态"。⁰⁰需要强调的是，这一术语并不适用于前面的垄断情境。比方说，尽管基督教教义对中世纪的统治阶级有着明显的政治用途，但如果我们把它说成是中世纪的意识形态，那是没有什么意义的。原因很简单，中世纪社会中的每一个人，从农奴到领主，都无差别地"栖居"在基督教世界中。但是对工业革命之后的时期来说，我们就有一定的理由将基督教教义称为资产阶级的意识形态，因为那时的资产阶级用基督教的传统和管理人员来镇压新兴的工人阶级，而工人阶级在当时大多数的欧洲国家已经不能再被视作基督教世界中的"居民"了。⁰¹如果两种不同的现实定义所发生的对抗来自于不同社会的相遇，此时若称呼它们为"意识形态"也是没有意义的，比如十字军的"基督教意识形态"和撒拉逊人的"穆斯林意识形态"。意识形态的特殊性在于，它是以不同的方式对同一个总体世界所做的解释，其背后则是该社会中的具体利益。

意识形态常常会因为它的某些特定理论元素所包含的利益导向而被某群体采纳。当贫困的农民群体站起来反抗对自己进行财务奴役的城市商人群体时，他们可能会聚集在一个崇尚农业生活的宗教信条下，谴责货币经济及其信贷制度的不道德，大肆批判城市生活的奢靡。对农民来讲，这种信条的意识形态"好处"是显而易见的，这在古代以色列的历史中就有很好的例证。不过，若是我们认为利益群体与其意识形态之间的关系总是那么逻辑一致，那就大错特错了。社会斗争中的任何一个群体都需要团结。意识形态生成团结。但是，对一个特定的意识形态的选择并不一定是基于其内在的理论元素，而往往是由机遇决定的。比如有人说是基督教教义的内在特质使康斯坦丁时代的特定群体对它产生了政治兴趣，这就是很靠不住的。更合理的说法应该是，基督教教义（最初只是中下阶层的意识形态）被带着政治目的的当权者利用了，这与它的宗教内容压根儿没什么关系。其他事物完全有可能发挥同样的作用，只不过基督教在关键的决定性时刻碰巧出现在那儿。当然，一旦意识形态被某个群体采纳（说得更准确一点儿，一旦特定信条**成为**某个群体的意识形态），它就必须被适当地修正，以便与那些它现在要予以正当化的利益保持一致。这就涉及对原有理论假设的遴选和补充，但它未必会伤害到人们所接受的那个主导信条。某种意识形态中的大量元素均可能与被正当化的利益没有特殊联系，但它们都被"承载者"群体热情拥护，盖因该群体已经把自己委身于这种意识形态。在具体实践中,当权者就可能去支持自己这边的、正为理论争吵的意识形态专家,可实际上争吵的内容与当权者的利益毫无关系。康斯坦丁当年介入基督教论辩就是一个很好的例子。

需要注意的是,大多数现代社会是多元的。它们有一个共享的、理所当然的核心世界,同时又有不同的局部世界(它们以相互包容的状态并存)。局部世界可能带有一些意识形态功能,但是意识形态之间的直接冲突已经转化为不同程度的容忍甚至合作。这种情况由一系列非理论因素造成,由此就给传统的专家带来了严肃的理论问题。要用老套的关于垄断的托词来管理传统,他们就必须对已经发生的去垄断化进行理论正当化。有时候他们会延续以往的专制话语,假装什么事都没有发生,但是很少有人会把这些话当真。无论专家做了什么,多元化都不仅改变了传统的现实定义的社会位置,也改变了它在个体意识中的存在方式。[102]

多元化情境的出现以一个有着高水平劳动分工的城市社会为前提。这个社会的社会结构是相应地高度分化的,也有着高水平的经济剩余。现代工业社会显然满足这些条件,但至少有一些古代社会亦如此,古希腊罗马时代后期的城市就是一个例子。快速的社会变迁带来了多元化情境,而多元主义自身也正是一个加速变迁的因素,因为它有助于破坏传统的现实定义所具有的抵抗变迁的效能。多元主义鼓励怀疑和创新,因此它在本质上会破坏传统中理所当然的现实的现状。传统的现实定义中的专家常常会怀有对旧的垄断定义时代的思念,他们颇令人同情。

在历史上还有一种重要的专家类型。从原则上讲,它有可能出现在我们讨论过的任何情境中。这就是知识分子。按照我们的定义,知识分子是一种专家,他们的技能是社会不太需要的。[103]这便意味着一种对知识的再定义。它与"官方的"定义相对立,即它不再只是对"官方的"定义的一种偏常解释。在这个意义上,知识分子显然属于一种边缘类型。他可能一开始就是边缘人,然后成了知识分子(比如现代西方的很多犹太裔知识分子),也可能是由于自己的知性越轨才导致他的边缘状态(比如被流放的异端分子),但我们不必关心这里的差异。[104]无论如何,他的社会边缘性都表明他与所处的社会世界缺少理论整合。在定义现实时,他以一个反面专家的形象出现。同"官方的"专家一样,他也有着对社会的整体设想。但是,"官方的"专家的设想与制度相协调,为制度提供了理论正当化,而知识分子的设想存在于制度真空中,最多只能在知识分子群体的亚社会中实现社会客体化。这种亚社会的生存能力显然依赖大社会的结构特征。可以肯定地说,一定程度的多元主义就是一个必要条件。

面对着自己的境况,历史上的知识分子会做出一些有趣的选择。他可能会龟缩在知识分子的亚社会中。这样做一方面可以把亚社会当成情绪的避难所,另一方面则是更重要的,即把亚社会当成自己的社会基础,借以将自己对现实所做的偏常定义进行客体化。换句话说,与处在大社会中相比,处在亚社会中会让知识分子感觉更像"在家里"（at home）。此时他就能在主观上维持自己的偏常概念，因为只有在亚社会中，才会有别人也把这些被大社会所拒绝的偏常概念视为现实。于是知识分子就会想出各种手段来保护亚社会中的危险现实，使其不受外在虚无威胁的侵扰。在理论层面上，我们前面所讨论的治疗就是一种防御手段。在实践层面上，最重要的手段是对亚社会中的伙伴的所有重要关系进行限制。局外人被排除了，因为他们总是体现着虚无的威胁。宗教教派可被视作这种亚社会的原型。[⑩]在教派的庇护下，即便是最出格的偏常概念也会呈现出客观事实的特征。反之，如果先前对于现实的客体化定义瓦解了，即在大社会中被"去客体化"了，那么退出教派的事情就会常常发生了。对这些过程的细节分析属于宗教的历史社会学，不过我们有必要补充一句，对于现代多元社会中的知识分子来讲，其头脑中的以各种世俗形式呈现的教派意识，恰恰是他们的一种重要特质。

当然，历史还为我们呈现出另一个非常重要的选项，这就是革命。这个时候，知识分子就打算**在社会中**实现自己对社会的设想。这里无法讨论革命在历史上所表现出的多种形式，[⑩]我们要做的只是表明一个重要的理论观点：就像龟缩的知识分子需要他人的帮助来把自己对现实所做的偏常定义加以维护，使之变成现实一样，革命的知识分子也需要他人来确定**自己的**偏常概念。人们都知道，没有阴谋能在缺少组织的情况下成功，但我们所讨论的"他人"远比这句话的意思重要，它是更为基础的条件。革命的知识分子需要他人来为自己维护革命意识形态中的**现实**（这里指的就是他自身意识中的主观可信性）。所有具有社会意义的现实定义都必须通过社会过程被客体化。亚世界需要亚社会作为自己的客体化基础，对现实的反面定义则需要有反面社会。毋庸置疑，革命意识形态的每一次成功都会强化它在亚社会中所拥有的现实，也就是亚社会成员意识之中的那个现实。当所有社会阶层都成为它的"承载者"时，这种现实就表现得庞大无比了。当代革命运动史所提供的大量例证都描绘了在革命成功之后，革命的知识分子是如何转变为"官方的"司正者的。⑩这也就表明，不仅在革命的知识分子的社会事业中存在着显著的历史区别，即便在个体的生命中也会出现不同的选择和组合。

对于世界维护人员的社会存在，我们在前文中强调了它的结构性问题，一场真正的社会学讨论必须涉及这些内容。制度和象征世界由活着的人予以正当化，这些人有着具体的社会位置和具体的社会利益。把理论加以正当化的历史也始终是总体社会历史的一部分。离开了真实历史的血肉，任何"思想史"都不可能发生。但我们必须再次强调，这绝不意味着理论仅是"基础的"制度过程的映射，在"思想"与它们所维护的社会过程之间永远都是一种辩证关系。人们可以说，理论被编造出来是为了将既有的社会制度正当化，但我们常常也能看到，人们会改变社会制度来使它们与既有理论保持一致，即让它们更加"正当"。正当化专家既可能是现状的理论卫士，也可能是革命理论家。对现实的定义有着自我实现的潜能。即便理论在刚被发明者构思出来时极端晦涩，它们也可以在历史中得到**实现**，在大英博物馆的阅览室中忧思的马克思便为这一历史可能性提供了众所周知的例证。因此，对社会变迁的理解永远都要以它与"思想史"之间存在的辩证关系为出发点。对这种关系的"唯心主义"（idealistic）和"唯物主义"（materialistic）理解都忽视了上述辩证关系，因而也都扭曲了历史。在我们不断提及的象征世界的整体转型中，这一辩证关系同样鲜明。所有的象征世界和所有的正当化都是人类产品，这种认识对社会学来说是最根本的东西。象征世界与正当化的存在以具体个人的生活为基础，离开了这些生活，它们就不具有任何经验上的地位。

第三章　作为主观现实的社会

经典名句

- 初级社会化所内化的世界在意识中要远比次级社会化所内化的世界更加坚实、牢固。无论有多少原初的必然性感觉在后来随着除魅而被削弱了，那种对于不再重来的确定性的回忆，那种初悟现实的确定性，都牢牢地附着于儿时的首属世界。

- 在这种社会中，跛子和私生子对于加在自己身上的污名身份几乎没有任何主观防御。对他自己、对他的重要他人以及对整个共同体来说，他就是他应是的那种人。当然，对于这种命运，他可能报以怨恨或愤怒，但这只能佐证他的低人一等。这些怨恨和愤怒甚至可以为社会给他定义的劣等身份提供最具决定性的承认，因为比其高等的人显然鲜有这些粗鲁的情感。

第一节　现实的内化

一、初级社会化

社会同时以主观现实和客观现实的形式存在，要对社会进行充分的理论理解，就必须同时考虑这两个方面。正如前文所表明的，如果把社会理解为一个由外化、客体化和内化三个步骤所组成的持续辩证过程，我们就能较为恰当地把握它的主客观两面性。不过，在考察具体的社会现象时，我们还应避免一种看法，即认为上述三个步骤是遵守时序的。实际上，社会和它的每个子部分都同时包含这三个步骤，因此，任何只考虑了一个或两个步骤的社会分析都是有缺陷的。对于社会中的个体成员来说也一样，他在社会世界中外化自身的存在，同时把社会世界作为客观现实予以内化。换句话说，生活在社会中，就参与了它的辩证法。

然而个体并非生来就是社会的一员，他只是天生带有一种社会性（sociality）的倾向，随后才逐渐变成社会的一员。在个体的生命中**存在**着一个时间序列。随着时间的推移，个体被引导着参与到社会辩证法之中。内化是这一过程的起点，它对传达意义的客观事件进行了直接的理解或解释。所谓传达意义，指的是他人主观过程的显现。通过内化，这一过程在我自己这里产生了主观意义。这并不意味着我百分之百地理解了对方，实际上我有可能误解了他：他在歇斯底里地大笑，我却以为他真的挺高兴。可是，无论他的主观过程和我的主观过程是否一致，他的主观性都客观地为我所获，对我具有意义。如前文所说，两种主观意义的完全一致以及这种一致所包含的交互知识，是以符号化为先决条件的，然而这里所讨论的一般性内化乃是符号化以及更复杂的内化形式的根基。说得更准确一点，当一个人能够理解他周围的人，并且能够把世界理解为一种有意义的、社会性的现实时，这种一般意义的内化起了奠基作用。①

这种理解并非源于个体对意义的自动创造，而是始于个体对他人所在的那个世界的"承袭"（taking over）。当然，就"承袭"本身来讲，它是发生于个人有机体中的一种原始过程，而世界被"承袭"后也**有可能**被个体创造性地修正，甚至是再创造（尽管可能性不大）。在内化的任何一种复杂形式中，我都不仅"理解"他人短暂的主观过程，也"理解"他生活于其中的世界，并且这个世界随后也变为我的世界。他和我以一种持久的方式和一种全面的视角来共享时光，这种方式和视角将一系列情境互为主观地联结到一起。此时我们不仅互相理解对方对共享情境的定义，而且以交互的方式来定义它们。在我们之间建立起了联动机制，这种联系一直延伸到未来。更重要的是，在我们之间出现了一种持久的相互认同。我们不仅生活在同一个世界里，也参与到对方的存在中。

只有当一个人的内化达到这种程度的时候，他才成为社会的一员。这种个体发生（ontogenetic）过程就叫社会化。在这个过程中，个体被全面地、连贯地引领进社会客观世界或它的某个部分。初级社会化（primary socialization）是个体在儿时所经历的第一次社会化。经此过程，个体变成了社会的一员。次级社会化（secondary socialization）泛指其后的一种过程，它把已被社会化的个体引领到社会客观世界的新领域中。在这里，我们可以先搁置一个特殊问题，即我们如何在自己并非新成员的社会中获取客观世界的知识并将该世界内化为现实。表面上看，这种内化过程与初级和次级社会化有着一定的相似性，然而它在结构上与两者都不一样。②

对个体来说，初级社会化自然是最重要的，而次级社会化则需要模仿初级社会化的基本结构。一切个体都出生在某个客观的社会结构中，在这里他遇到了负责自己社会化过程的重要他人。③这些重要他人是强加在他身上的。他们对他的境况做出了一种定义，此定义对他来说乃是一种客观现实。因此，个人不仅出生在一个客观的社会结构中，也出生在一个客观的社会世界中。重要他人将世界中转给他，并在中转过程中对这个世界进行修改。他们只会把那些与自己在社会结构中的位置相符的部分挑出来，而挑选的标准是其独特的个人经历。通过这种双重选择，个体所接受的社会世界就被"过滤"了。下层阶级的孩子不仅吸收了下层阶级看待社会世界的视角,也吸收了父母(或者对他进行初级社会化的其他人)赋予这个社会世界的个性色彩。这个从别人那里学来的下层视角可能会引发满足感、顺从感、激烈的愤恨或是翻涌的叛逆。因此,下层阶级的孩子不仅会习得与上层阶级的孩子完全不同的世界,他的习得方式也有可能与隔壁同样的下层孩子有着天壤之别。④

初级社会化绝不只是纯粹的认知学习过程。它发生在富有强烈情感的环境中,这一点无须多言。实际上,我们有足够的理由相信,如果没有对重要他人的情感依赖,这种学习过程就不可能发生,至少难度极大。⑤孩子会以多种情感方式来认同重要他人。不管采用哪种方式,只有在认同发生的情况下,内化才能发生。孩子习得了重要他人的角色和态度,把它们内化,变成了自己的东西。对重要他人产生认同后,孩子也就能够对自己产生认同,从而让自己获得一个在主观上具有一致性与合理性的身份。换句话说,自我是一个反身的实体(reflected entity)。它反射着先前重要他人对它所采取的态度,⑥个体变成了他自己的重要他人所认定的那种人。这不是一个单向的机械过程,它包含了他人认同和自我认同之间的辩证法,即客观指派的身份与主观接纳的身份之间的辩证法。在个体对重要他人**加以认同**的每一时刻,这种辩证法都会浮现。我们在前面讨论过社会的一般的辩证法,而这里的辩证法恰恰是它在个人生活中的特殊体现。

虽然这个辩证法的细节对社会心理学来说很重要，可如果我们接着讨论它对社会心理学理论的启示，那就有些离题了。[7]在我们看来，最重要的是这样一个事实：个体不仅接受了他人的角色和态度，也在同一过程中接受了他人的世界。从客观定义上讲，身份乃是具体世界中的某个位置。人们只能**通过**这个世界在主观上接受某个身份。也就是说，所有的认同都发生在一定的界域（horizon）中，这个界域标定着一个具体的社会世界。儿童会知道，他**就是**人们所称呼的那个人。每个名字都意味着一次"命名"（nomenclature），它反过来意味着一个指定的社会位置。[8]被赋予一个身份，就被指派到了世界中的某个具体位置上。当这个身份被孩子在主观上接纳的时候（"我**是**约翰·史密斯"），它所指向的世界就被认可了。对身份的主观接纳和对社会世界的主观认可只不过是**同一个**内化过程的不同方面，它们都是由**同一个**重要他人所中转的。

初级社会化在孩子的意识中创造出一个渐进的抽象过程。在此过程中，特定他人的角色和态度逐渐被抽象为**一般化**的角色和态度。举例来讲，在对规范进行内化时，"妈妈**在**生我的气"就会发展为"**每次**我把汤弄洒了，妈妈都会生我的气"。当其他的重要他人（父亲、奶奶、姐姐等）支持母亲在洒汤问题上的负面态度时，这一规范的普遍性就又得到了主观拓展。当孩子认识到**所有人**都会反对洒汤时，决定性的一步就到来了，此时规范就被普遍化为"**一个人**不应该洒汤"。作为"一个人"的自己隶属于更普遍的范畴，它原则上包括社会中**所有**对孩子来说重要的人。

从重要他人的具体角色和具体态度出发所形成的这种抽象就被称为概化他人（generalized other）。⑨概化他人一旦在意识中得以形成，就意味着个体不仅认同了具体的他人，也认同了一般性的他人，即认同了社会。只有通过这种概化认同，一个人的自我认同才能获得稳定性和持续性。从今往后，他不仅在这个或那个重要他人面前拥有自己的认同，还拥有一种一般性的认同。不管他再遇到什么样的重要或非重要的他人，这种一般性的认同在主观理解上都会保持不变。这一崭新的融贯认同（coherent identity）把个体所内化的多种不同角色和态度统统吸收，这其中就包括"不洒汤的人"。

在意识中形成了概化他人，就标志着社会化发展到了一个决定性阶段。它意味着一个人内化了社会和社会中被建立的客观现实，也意味着这个人在主观上建立了一个具有融贯性和持续性的身份。在主观上，社会、身份**和**现实在同一个内化过程中实现了结晶。随结晶同时发生的还有语言的内化。实际上，正如前面对语言所做的考察所表明的，语言构成了社会化最重要的内容，也是社会化最重要的工具。

当概化他人在意识中结晶后，在主观现实和客观现实之间就会建立起一种对称关系。"外部"（outside）的真实对应着"内部"（within）的真实。客观现实可以很容易地被"翻译"成主观现实，反之亦然，而语言当然就是这种双向的持续翻译过程中的首要工具。不过，在这里我们要强调的是，客观现实与主观现实之间的对称不可能是百分之百的。两种现实彼此对应，但它们不是同延的。在已经内化到个体意识中的现实之外，总是存在着更多可能的客观现实。原因很简单，因为社会化的内容依赖知识的社会分配，没有人能把他所在社会的总体客观现实全部内化，即使这个社会及其世界比较简单，也不可能。另一方面，在主观现实中总是存在一些并非源自社会化的元素，比如那些先于任何社会理解过程，并且与之脱离的个体对个人身体的感知。主观生命并不完全是社会的。个人**既**把自己看成社会之内的，**也**把自己看成社会之外的。⑩这便意味着，客观现实与主观现实之间的对称永远都不是静态的，不是一旦达成便一劳永逸的事情，而必须总是**实际地**被生产和再生产出来。换句话说，个人与客观社会世界之间的关系就像一个持续地寻求平衡的行为。在讨论人在动物王国中的特殊地位时，我们曾经诉诸一些人类学的依据。在这里，它们当然同样用得上。

在初级社会化的过程中并不存在认同问题。人不能选择重要他人。社会为社会化的候选人准备了预定的重要他人组。个人必须接受，他不可能选择其他安排。这儿是罗德岛，就在这儿跳吧（*Hic Rhodus*, hic

> 此典故来自一则《伊索寓言》：有个运动员在家乡吹嘘说自己曾在罗德岛跳得很远，连奥林匹克的冠军都不能与他相比。他还说，当时在场观看的人若能到这里来，就可以给他作证。这时，旁边的一个人对他说："喂，朋友，你把这里当作罗德岛，就在这儿跳吧！"本书作者引用这句话旨在说明：初级社会化过程中的"事实"就是事实，不可争辩，去设想其他场景来扭转这种事实，是没有意义的。

salta)。一个人必须接受上天赐给他的父母。孩子是天生弱势的。在社会化的过程中，即便孩子并非简单地处于被动的地位，游戏规则也总是由父母设定的。孩子可以热情地或愠怒地参与到游戏中，但是除了这个游戏外就再没有别的游戏了。由此我们可以得到一个重要推论：由于孩子无法选择重要他人，因此他对重要他人的认同就是准自动的（quasi-automatic）。同样，对重要他人的特殊现实的内化是准必然的（quasi-inevitable）。在对重要他人的世界进行内化时，孩子并不将它视为多种可能世界中的一种。在内化重要他人的世界时，这个**世界**是唯一存在和唯一可想象的简单的（*tout court*）世界。基于这个原因，初级社会化所内化的世界在意识中要远比次级社会化所内化的世界更加坚实、牢固。无论有多少原初的必然性感觉在后来随着除魅而被削弱了，那种对于不再重来的确定性的回忆，那种初悟现实的确定性，都牢牢地附着于儿时的首属世界（the first world）。初级社会化就这样完成了社会为个人所设计的最重要的骗局（这当然是回过头来看），把一堆事实上偶然的东西变成了必然的，从而为个人的偶然生命赋予了意义。

当然，在不同的社会中，初级社会化所内化的具体内容会有所差别。有一些内容是普世的。比如语言，它是人们都需要内化的东西。通过使用语言，各种动机图式和解释图式就被内化为制度化的定义，譬如"要像勇敢的小男孩一样行动"和"小男孩天生分为两种：勇敢的与怯懦的"。这些图式为孩子提供了日常生活的制度化规程（institutionalized programs）。有一些能即刻为他所用，有一些则预期他在日后的生命中的行为会符合社会的定义。比如某种勇敢，这能让他在生活中应对小伙伴和其他人对自己所做的意志考验；或是日后的另一种勇敢，这种勇敢能在他成为一个战士或是被上帝召唤的时候派上用场。这些即刻的或预期的规程把他的身份与其他人的身份区分开来，如女孩、作为奴隶的男孩或其他部落的男孩。最后，要内化的东西至少还应包括正当化装置的基本原理，孩子要明白，"为什么"规程会是现在这个样子的。一个人必须勇敢，这是因为他需要成为一个真正的男人；一个人必须参与仪式，否则上帝会动怒；一个人必须对自己的首领忠诚，只有这样，上帝才能及时把他从危难中拯救出来；如此等等。

就这样，个人的首属世界在初级社会化中建立起来了。首属世界是坚固的，这种特质来源于或起码部分来源于个人与他初遇的重要他人之间的那种不可避免的关系。孩提世界的透明现实（luminous reality）有助于培养孩子对重要他人以及重要他人对其处境所做的定义的信任。孩提世界是真实的，它十分庄严，不容置疑。[⑪]在意识发展的这个阶段，不太可能出现其他的情形，哪怕一丁点儿的怀疑也是极其奢侈的。只有到了后来，个人才有可能去承受这种东西。个人有必要把世界当作本原真实（protorealism）来理解，这种必要性既是系统层面的要求，也是个体层面的要求。[⑫]孩提世界在任何时候都是被如此构建的，它把一种规范结构灌输给个人。在这一结构中，他有信心说"没事"——这大概也是母亲在哄孩子时最常说的一句话了。当孩子后来发现有些事情并非"没事"的时候，他们受冲击的程度可能会依个人情况而表现得深浅不一。但无论如何，孩提世界都能在人们的追忆中保持特殊现实的地位。它就像一个"家的世界"（home world），不管后来人们跑到离家多远的异乡，"家的世界"永远都在那儿。

  初级社会化包含着由社会所定义的学习顺序。在 A 的年纪应该学 X，在 B 的年纪应该学 Y，以此类推。每项规程都代表了社会对生物成长和分化的认识。因此，任何社会中的任何规程都不会让一岁大的孩子去学三岁的孩子才能学的事情，大多数规程也都会为男孩和女孩规定不同的事情。这些最基本的认知显然是由生物性事实强加给社会的。但除此之外，对于学习顺序的阶段的定义存在着巨大的社会—历史差异。在一个社会中被定义为与童年有关的事情到了另一个社会中可能就被定义为成年人的事情；对不同的社会来说，"童年"的社会含义也可能存在巨大差异，如其中的情感特质、道德责任或智力水平等。当代西方文明（至少在弗洛伊德之前）倾向于将孩子视为天生"纯洁"和"可爱"的；其他社会则把孩子视为"天生有罪、不洁的"，认为他们仅仅在力量与理解力上与成人有区别。在性行为、刑事责任和神性方面，不同的社会对孩子的能力界定也存在着类似的差异。对童年和它的各个阶段所下的不同社会定义，会对学习规程产生显著影响。⑬

　　社会有什么样的知识库需要传递，也会影响到初级社会化的特质。在人们对正当化进行理解时，某些正当化会对语言的复杂度提出更高的要求。不难想象，与理解"手淫会影响他日后的性调适"相比，孩子在理解"不能手淫，因为这会惹恼他的守护天使"时所需调用的词汇显然更少。总体制度秩序的要求也会进一步影响初级社会化。各个年龄段所需掌握的技能在不同的社会并不一样，甚至在同一社会的不同地方也会不一样。在某个社会中孩子适合学开车的年纪，可能是另一个社会中期待孩子杀死第一个敌人的年纪；在上层阶级的孩子学习"性知识"的年纪，下层阶级的孩子可能已经了解了关于流产的事情；当上层阶级的孩子第一次体验到爱国主义情感时，其同龄下层群体也许第一次感受到了对警察和警察所代表的所有事物的仇恨。

　　当概化他人的概念（以及伴随它的所有事物）在个人意识中得以确立的时候，初级社会化就结束了。到了这个时候，个人就成为实际的社会成员，他在主观上拥有自我与世界。但是这种对社会、身份和现实的内化并不是一劳永逸的。社会化永远都是不完整的，也永远不会完成。这就给我们带来了两个新问题：第一，初级社会化所内化的现实是如何在意识中得到维持的？第二，在初级社会化之后的人生中，那些进一步的内化（或者称之为次级社会化）是如何发生的？下面我们将从后往前来回答这两个问题。

二、次级社会化

假想一下,在某个社会中仅有初级社会化,在此之后再也没有进一步的社会化,那么这个社会的知识库肯定很小。所有知识都具有普遍联系,不同人的差别只在于他们看待知识的视角有所不同。然而,我们所知的任何社会都不符合这种极端描述。这些社会中都有**一定的**劳动分工,因而也就相应地有**一定的**对知识的社会分配。在这种情况下,次级社会化就是必要的了。

次级社会化是对制度性子世界或以制度为基础的子世界的内化。因此,劳动分工和相应的知识的社会分配到底有多复杂,就决定了次级社会化的范围和特质。普及型的知识当然也可能得到社会分配,如不同的阶级有不同的知识"版本",但我们这里所讨论的是"专业知识"的社会分配,这些知识作为劳动分工的结果而出现,它们的"承载者"亦是由制度定义的。仅从这个角度来说,次级社会化的目的是获取角色专属知识,这些角色则直接或间接地扎根于劳动分工。这种狭义的定义颇有些道理,但它还不够全面。次级社会化需要学习角色的专属语汇,这就意味着它首先要将制度领域中那些把日常解释和日常行为结构化的语义场进行内化,同时要把人们对这些语义场的"默会理解"(tacit understandings)、评价及其感情色彩统统内化。次级社会化所内化的"子世界"(subworlds)通常都是部分现实(partial realities),其与初级社会化所内化的"基础世界"(base-world)形成了对照。不过,尽管牢固程度不同,但这些子世界都是包含着规范、情感和认知成分的内聚现实（cohesive reality）。

进一步来讲，子世界至少还需要基本的正当化装置，这种装置常常表现为仪式象征和物质象征。以步兵与骑兵之间的区别为例。骑兵必须接受特殊训练，训练内容很可能会超出控制战马所需的纯身体技能。骑兵所使用的语言与步兵有很大不同，他们会建立一套术语体系，用来指称马、马的好坏和用途、骑兵的各种生活情境等，这些与步兵毫无关系。即便是那些超越了工具性的语言，骑兵也与步兵不同。一个愤怒的步兵会指着自己疼痛的双脚起誓，而骑兵在此时可能会提到马背。换句话说，在骑兵语言的工具性基础上出现了一套图像和寓意的体系。当个体接受了骑战训练后，角色专属知识就完全被他内化了。他之所以能成为一名骑兵，不仅仅因为他掌握了必备的技能，也因为他能够理解和运用一套语言。他可以通过充满丰富意义的暗示同骑兵同伴交流，而步兵对这些内容必然反应迟钝。内化过程自然还会包含主观上对角色和相应规范的认同，比如"我是一名骑兵""骑兵永远不能让自己的马屁股对着敌人""要让女人时刻记住马刺的滋味""战场快马，人生赢家"，等等。只要有需要，意义体系就会得到正当化的支持，从上面的简单格言到精心建构的神话，莫不如此。到最后还会出现很多具有象征意义的仪式和物件。比如，在每年举行的马神节庆祝活动中，人们在马背上吃一日三餐，新骑手都会收到神圣的马尾，今后他们要把它系在自己的脖子上。

知识体系在整体象征世界中占有什么样的地位，决定了相应的次级社会化的特质。要学会让马拉槽车或骑马战斗，训练都是必不可少的。但是，一个仅仅将马用来拉槽车的社会，是不可能用精心的仪式或拜物行为来装点这一活动的，被指派完成这一任务的人也不可能对这一角色产生深刻的认同，此时所发生的正当化只不过是补偿性的。可以看到，次级社会化表现出了大量的社会—历史变异。不过，在绝大多数社会中，当初级社会化过渡到次级社会化时，都会伴随着一些仪式。⑭

次级社会化的正式过程是由它的根本问题决定的：次级社会化总是以一个既有的初级社会化为前提。也就是说，它所面对的是一个已经形成的自我和一个已经被内化的世界。它不能无中生有地建构出一个主观现实，而已经被内化的现实有继续保持的倾向，这就是问题所在。不论有待被内化的是什么样的新内容，它都必须通过某种方法被添加到已有现实之上。于是，在原有的内化和新的内化之间就会出现一致性问题。解决这一问题的难度有多大，得看具体情形。如果一个人先前就明白讲卫生是美德，那么就不难把这个美德转移到自己的马那里。可是，如果一个没学过骑术的孩子认为某些下流行为是让人不齿的，而当他成为一名骑士时，就认为这些行为合乎礼节了，那就需要一些解释了。为了确立和维持一致性，次级社会化预先设定了一些概念手段，用以将不同的知识体系相整合。

在次级社会化中，生理限制对学习顺序的影响日益减少，此时的学习顺序要根据待获取的知识的内在属性建立。也就是说，要以知识的基础结构为根据。比如，在学习特定的打猎技术之前要先学会爬山，在学微积分之前必须先学代数。掌管知识体系的人还可以根据自己的特殊利益来操控学习顺序，比如这么规定：一个人在学习用鸟类的行踪来占卜之前，必须先学会用动物的内脏来占卜；一个人必须有高中学历才能去防腐学校上学；一个人必须通过盖尔语考试才有资格在爱尔兰当公务员。对于扮演占卜者、防腐师和爱尔兰公务员等角色所需的实用知识来说，上述规定其实是外在的。它们被制度性地加以安排，用以增强该角色的权威性或是迎合其他的意识形态利益的需求。对防腐师来说，受过小学教育可能就够格了，而爱尔兰公务员在日常工作中使用的其实是英语。被人为操控的学习顺序有时甚至会制造实际的障碍，比如可能存在这样的规定：在接受社会学的专业训练之前必须拥有"通识文化"（general culture）的高等教育背景。然而实际情况很可能相反，即在不背负这种"文化"的时候，社会学家的实际活动反而会更有成效。

> 防腐学校是培养防腐师的学校，主要传授尸体防腐技术，以服务于葬礼和其他宗教仪式。

孩子在初级社会化阶段必须对重要他人施以带有感情的认同，但这种认同对大多数次级社会化来说是不必要的。只要存在着人与人进行沟通时的那种普通程度的认同，次级社会化就可以顺利进行。说得更简单一点，一个人需要爱自己的母亲，却没必要爱自己的老师。成人阶段的社会化在试图根本改变个人的主观现实时，通常都会诉诸儿时的情感记忆。这就会带来一些特殊问题，后文将对其进行简要分析。

在初级社会化中，儿童并不把他的重要他人理解为执行制度的人，而是把他们直接视为现实的中转者。儿童把父母的世界内化为**唯一**的世界，这个世界不归属于任何特定的制度背景。在初级社会化以后出现的某些危机实际上都是由之后的新认识导致的。此时一个人认识到，自己父母的世界**并不是**唯一存在的世界，它有着相当特殊的社会位置，甚至这个世界可能是糟糕的。大一点儿的孩子也许会逐渐认识到，自己的父母所代表的世界，那个曾被他理所当然地接受为必然现实的世界，实际上是一个没受过什么教育的、低等阶层的南方乡下人的世界。在次级社会化的过程中，我们就必须要对制度背景加以理解。当然，这并不是说我们的理解要达到很复杂的程度，我们不需要对制度背景的所有含义都有所了解。此例中的南方儿童的确会把老师理解为一种制度人员，而他绝不会这么看待自己的父母。他认为，老师的角色在传达特定的制度意义，这些意义来自于本地区以外的国家、来自于自己的低等阶层家庭环境以外的国民中产阶级世界、来自于乡下以外的城市世界等。于是，老师和学习者之间的社会互动就被形式化了。就重要他人这个词的任何意义来讲，老师都不契合，因为老师是被正式指定的、用来传递特定知识的制度人员。次级社会化中的角色带有高度的匿名性，即它们可以方便地与它们的角色扮演者相分离。同样的知识既可以由这个老师来教，也可以由另一个老师来教,此一类型中的任何人都能传授这种类型的知识。诚然,我们还可以依据不同的方式在主观上将作为制度人员的个体进行区分(比如合得来与合不来的、好的和差的算术老师,等等),但这些人在原则上是可以互换的。

这样的形式化和匿名化无疑与次级社会化过程中社会关系的某种情感特色紧密相连。不过,它们最重要的结果是为次级社会化过程中的学习内容赋予了比初级社会化时少得多的主观必然性。在次级社会化中所内化的知识的现实特性更容易被加上括号(也就是说,"这些内化知识是真的"这种主观感觉更为易变)。儿童早年所内化的庞大现实在解体时一定会伴随着重大的生命冲击,而后期内化的现实遭到破坏时,冲击就小得多。此外,要把次级社会化的现实晾在一边,也会相对容易得多。不管愿意不愿意,儿童都生活在父母所定义的世界中,但他能在离开教室的那一刻就高兴地把算术世界扔在脑后。

经历了上述过程,我们就有可能把自我及其与之相伴的现实的一部分剥离出来,只把该部分与特定的角色情境关联起来。一边是总体自我及其现实,另一边是角色专属的部分自我及其现实,个体能让二者拉开一段距离。[15]这一重要成就只有在初级社会化发生后才有可能出现。还是拿前面的简单例子来讲,与在母亲面前相比,孩子更容易在老师面前"隐藏"自己。反过来我们也可以说,"隐藏"能力的发展,是成年过程的一个重要方面。

在初级社会化的过程中,内化知识的现实特性几乎是自动给定的。然而，在次级社会化中，它就要通过特定的教育技术被加强，以使个人认清这一点，把人"带回家"（bring home）。"带回家"这个短语是有喻义的，儿童的原初现实是"家"，它本身就在那儿，不可回避，可谓"自然的"。与之相比，所有后来的现实都是"人工的"（artificial）。于是，学校里的老师就会试图通过生动的（让它们看上去活在儿童的"家庭世界"里）、关联的（把它们与"家庭世界"中既有的关联结构联系起来）和有趣的（把儿童的注意力从"自然"物体引导至"人造"性质更强的物体）讲述方式来把课程内容"带回家"，给孩子们一种家的感觉。由于原本内化的现实已经在那里，"横亘"在新的内化面前，因此上述策略就是必要的。进一步来讲，如果个体获取新知识的动机有所不同，那么这些教育技术所能达到的深度和精确度也会不同。

  这些技术越是能够在新旧知识元素之间建立起主观可信的连续性，它们就越容易获得现实的特性。一个人在学习外语的时候，总是以"母语"中理所当然的现实为基础。在相当长的一段时间内，他会持续地把新语言中正在学习的不管什么元素都翻译成原有语言。只有通过这种方法，新语言才能获得现实的特性。当这种现实开始依靠自身得以建立的时候，人才有可能慢慢地不再去翻译，开始学会用新语言"思考"。尽管如此，人在长大以后所学的语言也很难像童年时所学的第一种语言那样获得一种必然的、自证的现实，母语的情感属性自然也就难以复制。从

"家"的现实出发，将其与学习过程联系起来，并慢慢地打破这种联系，这大致是次级社会化中所有学习顺序的共同特征。

次级社会化的过程并不以一种高度认同为前提，它的内容也不是必然的。从实用的角度看，这一事实颇有价值，因为这使得学习顺序变得理性和情感可控。然而，同初级社会化的内化相比，次级社会化所内化的内容较为脆弱、可疑。因此，在某些时候，不管涉及什么样的认同和必然性，只要是必需的，人们就得开发出一些特定技术把它们制造出来，以响应人们所学习和应用的内化内容的内在需求，或是响应掌管社会化过程的那些人为了特殊利益所提出的需求。梦想成为杰出音乐家的人所需的专业投入对于梦想成为工程师的人来说是完全没有必要的。工程教育可以通过正式的、高度理性的、情感中立的过程有效进行，与之相比，音乐教育常常涉及对某位大师的高度认同以及对音乐现实的透彻体会。这种差别就源自工程知识和音乐知识的内在差异，源自两种知识体系所服务的实际生活方式的内在差异。对一位专业的革命者来说，他也需要工程师所不能及的无限认同与必然性。但是，这种需求与音乐教育不同，它并非来自知识的内在属性（革命知识很可能相当简单、零散），而是源于革命者在革命运动的既得利益面前所需的一种个人信念。有的时候，对认同施以强化技术的必要性同时来自内在因素和外在因素，宗教人士的社会化正是如此。

上述技术的目的都是加强社会化过程的情感注入。通常来说，它包括对一种精心的启蒙过程的制度化。此过程是一个见习期，在此期间，个人逐渐让自己全身心地投入这个正在被内化的现实。当"家"的现实必须改变时，这一过程就尽可能地复制初级社会化的特征（在后文中还会谈到这一点）。但是，即便这种改变不会发生，次级社会化也需要情感注入，以使人们在新现实中的"沉浸"（immersion in）和对新现实的"承诺"（commitment to）至少达到制度所定义的程度。个人与社会化人员之间的关系相应地被赋予"重要性"，也就是说，让社会化人员成为被社会化的个体的"重要他人"。于是个人就会全面地忠于新的现实，他"献身"于音乐、革命、信仰。这些事物不再只是生命的一部分，而是主观意义上的全部生活。到了随时准备牺牲自己的时候，这种社会化就发展到了它的终极形态。

还有一种重要情形也要用到"强化技术"，即当不同制度中的现实定义人员之间出现竞争时。在培训革命者时所遇到的一个固有问题就是如何在反面现实定义中对人进行社会化。所谓反面，指的是它与社会中的"官方的"现实定义相反。在音乐共同体的美学价值存在激烈竞争的社会中，对音乐家进行社会化时也需要这种强化。可以想象，成长中的当代美国音乐家在投身于音乐时必须带着强烈的情感，而这种情感对于19世纪维也纳的音乐家来说是没有必要的。这是因为在美国的情境中存在着强有力的竞争，而这种竞争是你死我活的"物质主义"和"大众文化"世界的产物。同样，多元环境中的宗教培训需要加强现实感的

"人工"技术，而在宗教垄断的情境下，就不存在这种需求。在罗马，天主教神父是以一种"自然"的方式被选出来的，但在美国可不是这样。于是，美国的神学院就必须处理这种"现实滑动"（reality-slipping），设计出某种技术来"加固"原有的现实。他们想出了一个最简单的权宜之计：把他们最有前途的学生送到罗马待上一阵子。

在单一的制度背景下也存在类似的变异，原因在于，不同类型的人员被指派的任务是不同的。对职业军人的忠诚度要求显然不同于预备役人员，他们各自的培训过程就能说明这一点。高管和底层白领、心理分析师和精神卫生社工所需的对制度现实的忠诚度也有差别。高管必须做到"政治立场坚定"（politically sound），而这根本不是打字小组组长的责任；"教育分析"（didactic analysis）知识是心理分析师必须掌握的，对社工来说则可有可无。因此，在复杂的制度中有着高度分化的次级社会化系统，这种分化有时非常准确地贴合于对各个类型的制度人员的不同要求。⑯

如何在初级社会化与次级社会化之间进行任务的制度化分配，受到知识的社会分配复杂度的影响。只要相对不太复杂，同一个制度机构就能完成从初级社会化到次级社会化的衔接，并承担后者的许多任务。在高度复杂的情况下，就得发展出专门针对次级社会化的机构。这一机构中有着经过特殊培训的全职人员，他们承担着相应的教育使命。如果缺少这一专门机构，就会有其他一些社会化机构来兼任这项任务。比如可以规定，男孩到了一定年纪就得离开母亲的小屋，进入战士的营房，并在那里被训练为一名骑手。这时并不需要专职的教育人员，年老的骑手可以教年轻的骑手。当然，对于专门机构所支持的次级社会化来讲，现代教育是最好的例子。作为次级社会化发展的结果，家庭地位的衰落人人都能看到，这里就不赘述了。⑰

三、主观现实的维护与转变

由于社会化永远不可能完成，因此其所内化的内容的主观现实性会受到持续的威胁。因此，每个能留存下来的社会都必须发展出一些维护现实的手段，用以保证客观现实与主观现实之间的某种对称。在前文有关正当化的部分，我们已经讨论了这个问题，这里我们的焦点则是保卫主观现实而非客观现实，即保卫个人意识中所理解的现实，而非制度所定义的现实。

初级社会化内化的是必然性的现实。如果这种必然感在绝大多数时候都存在，或至少当个体活跃于日常生活世界时存在，那它的内化就可以说是成功的。但是，即便日常生活世界保有它那强大的和理所当然的现实，它也会受到人类经验中边缘情境的威胁，而这类边缘情境是日常活动无法完全包裹的。总会存在着一些令人难以释怀的经验变形（metamorphoses），它们中有一些真的能被人记住，有一些只是不祥的感觉。除此以外还存在着更直接的威胁，比如在社会中所遇到的竞争性的现实定义。对一名品行良好的男子来说，在夜晚独处时梦到难以言表的淫乱，这是一码事，但如果他见到身边的自由主义群体真的有这种行为，那就是另外一码事了。对于梦来说，人们可以轻松地把它当作不值一顾的"荒唐的东西"，或者当作需要默默忏悔的精神越轨，并且在意识中将其隔离。同日常生活现实相比，梦具有幻象的特征。然而，一个实际发生的越轨行为会把多得多的"喧嚣"强加给意识。事实上，在这种喧嚣对意识施加侵扰之前，人们就必须将它摧毁，或至少尝试着对这些边缘情境中的变形予以否认。

148

与初级社会化相比，次级社会化具有更多的"人造"特质，这使得它所内化的主观现实在面对其他现实定义的挑战时更加脆弱。之所以出现这种情况，并不是因为主观现实不是理所当然的，也不是因为它们在日常生活中看着不够真实，而是因为它们的现实在意识中扎根还不够深，于是更易被取代。举个例子来讲，日常生活中有两个现实：一个是对裸体的禁忌，这涉及人的羞耻感，它在初级社会化时被内化；另一个是不同社交场合中的着装规范，这是在次级社会化时获得的。两个现实都是理所当然的，只要它们没有遭遇来自社会的挑战，那么无论哪个都不会给人带来问题。然而，同后一种现实相比，对前一种现实的挑战必须强烈得多，才有可能结晶出一种对理所当然的日常现实所构成的实质威胁。在现实的主观定义中，一个小小的转变就足以让一个人毫无负担地不打领带去上班，而如果要让他理直气壮地不穿衣服去上班，那就需要有另一种深刻得多的转变了。前面这种转变可以由社会赋予，比如换份工作，从乡下来到大城市的大学校园。后者则需要个人环境中的一场社会革命；这种转变在主观上是非常深刻的，而且它很有可能要经历初期的强烈抵抗。

次级的内化现实较少受到边缘情境的威胁，原因是它和边缘情境通常没什么联系。其实更有可能的是，正是因为人们看到了次级现实与边缘情境无关，这种现实才被视为微不足道的。按照这种逻辑，我们可以说，死亡的来临会深刻威胁到某些现实，如作为一个男人、一个道德主体、一个基督徒的自我认同。但是在同样的情况下，作为女袜店助理经理这一自我认同就是微不足道的，就不会受到那么深刻的威胁。反过来可以这么说，面对边缘情境时所做的维护就为初级内化中的主观现实提供了一个极佳的考量。同样的测试在应用于大部分次级社会化时就会变得莫名其妙：作为一个男人死去是有意义的，作为一个女袜店的助理经理死去就太罕见了。进一步来说，如果社会期待次级内化在面对边缘情境时能够保持同初级内化一样程度的现实感，人们就得使用前文讨论的那些方法来加固相应的社会化手段。对于这一点，宗教领域和军事领域中的次级社会化过程仍然可以作为例证。

对现实的维护来讲，我们不难区分出两种具有普遍意义的类型：例行维护（routine maintenance）与危机维护（crisis maintenance）。前者用来维护日常生活中的内化现实，后者则用于危机情境。二者在本质上包含相同的社会过程，但也存在一些需要我们留意的差异。

如前文所述，日常生活现实通过在日常事务中的具身化来维护自身，而这也正是制度化的本质。可是，除此以外，日常生活现实也会在个体与他人的互动中得到不断的确认。对现实的最初内化是通过社会过程完成的，因此现实通过社会过程在意识中被维护。同早期内化的社会过程相比，后来的那些过程并没有太大不同。它们同样反映出一个基本事实，即主观现实必须与社会定义的客观现实保持联系。

在维护现实的社会过程中，人们可以区分出两类人：重要他人和非重要他人。⑱人们在日常生活中遇到的所有人，或至少绝大部分人，都会以一种重要的方式来再次确认自己的主观现实。即便是在乘坐通勤列车这种"非重要"的时候，也不例外。车上的人你可能一个都不认识，你不会同他们中的任何人说话，但不变的是，一起坐车的人可以为你再次确认日常生活的基本结构。借助自身的全套行为，同车人把某人从早晨昏昏沉沉的稀薄现实中拽出来，然后确定地向他宣示：世界上有勤恳上班的人，有责任和计划，有纽黑文铁路，有《纽约时报》。最后一样东西再次确证了个人现实最宽广的坐标。从天气预报到招聘广告，《纽约时报》都让这个人确信，他自己的确生活在这个最真实不过的世界中。同时，它也确证了早餐前那些中邪般的幻觉的亚现实（less-than-real）地位，比如从怪梦中醒来时感到熟悉的东西都变了样、在浴室里竟然没能认出镜子中自己的脸、片刻后莫名怀疑起自己的老婆和孩子会不会是神秘的陌生人。大多数容易受到这种超现实的恐惧影响的人都会通过早晨的固定仪式来进行一定程度的"驱魔",从而至少在迈出家门之前能够小心翼翼地建立起日常生活现实。但是只有到了通勤者的匿名共同体中,现实才开始称得上稳定。当火车进入纽约中央车站的时候,这一现实就变得庞大无比了。"这是我",此时个人就能对自己嘟哝出这句话,然后在充分清醒和自我确信的状态下走向办公室。

因此,如果有人觉得只有重要他人才能帮助维护主观现实,那肯定不对。不过,重要他人确实占据了现实维护事务的中心地位。对于"身份"这一现实的决定性因素来说,要使它能不断地被确认,重要他人的作用尤为关键。要让某人一直相信他就是自己所设想的那个人,那就不仅需要隐性确认,这是随随便便的日常交往都能提供的,而且需要富有情感的显性确认,这来自重要他人。在前面的例子中,我们的郊区居民极有可能在家庭中或者在家庭的其他私人关系(邻居、教堂、俱乐部,等等)中寻找身份确认,而不是求诸工作上的亲密交情,尽管这也许能发挥同样的作用。假如,此外他还同自己的秘书睡觉,他的身份认同就不仅被确认,而且被增强了。这里说的身份是他自己喜欢的,而对于个人不喜欢的身份来说,其确认过程是一样的。任何一个仅有泛泛之交者都可能让某人确认自己是个彻底的失败者,但是妻子、孩子和秘书的确认则意味着不可推翻的定论。无论是喜欢的身份还是不喜欢的身份,从客观的现实定义到主观的现实维护的过程都是一样的。

个体生命中的重要他人是维护其主观现实的主要代理人,非重要他人的作用则类似于合唱队。每天,妻子、孩子和秘书都会郑重地再次确认:这是一个成功的男人或是一个彻底的失败者;姨妈、厨子和开电梯的人则为这种确认提供了不同程度的支持。当然,这些人之间完全可能存在分歧,因此个人将会遇到一致性的问题。要解决此问题,他可以对自身的现实进行修正,也可以对他的现实维护关系进行修正。他可以选择接受自己是个失败者的事实,也可以选择把秘书开除或与老婆离婚。他还可以选择把某些人从他的重要他人的位置上降格,换一些人来寻求对自己的重要事实的确认,比如说他的心理分析师或者俱乐部里的老友。在对现实维护关系进行调整时有许多可能的复合选择,在一个高度流动和角色分化的社会中尤其如此。⑲

在维护现实的时候,重要他人与"合唱队"之间是一种辩证关系。也就是说,在他们彼此之间,在他们与所要确认的主观现实之间,都存在着相互作用。来自于大环境的坚定的负面认同最终可能会影响到重要他人所提供的认同——当对面开电梯的人都不说"先生"的时候,妻子就可能不再把丈夫视作重要人物了。反之,重要他人有可能最终对大环境产生影响——一个"忠诚"的妻子也许会以多种方式帮助她的丈夫在生意场上确立对自己的认同。因此,尽管重要他人在现实维护和现实确认的过程中占据着有利位置,但个人所处的总体社会情境也会发挥重要作用。

如果我们看看"否证"主观现实的例子,那么就很容易看出重要他人与"合唱队"的相对重要性了。就其本身来讲，妻子的否证行为要远比泛泛之交的类似行为有效，后者的这种行为要达到一定密度才能赶上前者的效果。"报纸报道的不是真相"，这种观点从好朋友的口中反复说出来，显然比从理发师口中说出来更有分量。但是，如果十个泛泛之交相继表达了相似的观点，这就比好朋友的相反观点更有分量了。于是，作为不同的现实定义的结果，主观上的结晶化完成了。它会决定当某天早上在通勤火车上遇到一群排排坐的、绷着脸的、沉默的、夹着公文包的中国人时，一个人会如何反应，即会决定一个人在自己的现实定义中会赋予这个现象多大的权重。换个例子来说，如果某人是个虔诚的天主教徒，那么他信奉的现实并不会受到不信天主教的工作伙伴的影响，然而一个不信天主教的妻子就很可能威胁到他的现实。因此，在一个多元社会中，天主教会可以合乎情理地容忍有不同信仰的人在经济和政治生活中进行广泛联合，但是它仍然反对跨信仰的婚姻。一般来说，如果某情境中存在着不同的现实定义机构之间的相互竞争，那么只要存在着稳固的初级群体关系，以致可以不断确认**某种**现实，那么这种现实与其他竞争现实在次级群体中的任何关系都可以被容忍。[19] 美国的天主教会在多元环境下所采取的适应性策略，就是很好的例证。

交谈是最重要的现实维护工具。不难想象，如果缺少了用以维护、修正和重建主观现实的交谈工具，个人的日常生活将会是什么样子。[20] 交谈主要是指一个人同另一个人说话，它并不排除那些环绕在谈话四周的非语言交流。然而，在总体的交谈工具中，言语无论如何都占据了特别重要的地位。不过这里也需要强调：交谈的现实维护功能绝大部分是隐性的而非显性的。大部分谈话并不是用一堆词来定义世界的本性。相反，这些谈话会在一个理所当然的世界背景中默契地进行。"我该去车站了。""好，亲爱的，工作顺心。"这种简单的交流意味着一个整体世界。**在这个世界中**，看似简单的词语都具有意义。借助语言的暗示，这种交流确认了关于世界的主观现实。

在此基础上我们就不难发现，所有的日常交谈或至少它的一大部分都可以用来维护主观现实。事实上，正是随意交谈的累积性和一致性使得主观现实变得厚重，而能够**称得上随意的交谈**都恰恰指向了理所当然的世界中的惯常事务。一旦"随意性"丧失了，就意味着惯常事务被打断了，或者说至少出现了一个对理所当然的现实的潜在威胁。以下对话就能让我们理解随意性的作用："我该去车站了。""好，亲爱的，别忘了把你的枪带上。"

在不断维护现实的同时，交谈工具也在不断地修正现实。工具库中的用语有减有增，一些理所当然的东西被削弱了，另一些则被强化了。因此，一些从未被谈及的东西在主观现实性上就似乎打了折扣。参与一桩难以启齿的性行为是一码事，可是要在事前或事后讨论它，就是另外一码事了。反之，对于那些转瞬即逝的模糊看法，谈话可以赋予它一个明晰的轮廓。一个人可能会对自己的宗教信仰产生怀疑，而当他开始讨论这些怀疑的时候，它们就以一种完全不同的方式变得真实了。这时一个人就被自己的这些怀疑"说服"了，它们在此人的自我意识中已被客观化为现实。概言之，交谈工具把各种经验元素讲通透了（talking through），并且为它们分配了一个真实世界中的特定位置，以此来维护现实。

交谈所具有的这种生成现实的能力在语言客体化的问题上就能表现出来。前文已经谈到语言是如何把流变（panta rhei）的经验转换为融贯的秩序，从而将世界客观化的。在建立这种秩序的过程中，语言**实现**了世界。这里的"实现了世界"具有双重意义：一是理解世界，二是创造世界。交谈就是在个人生活的面对面情境中把语言实现现实的能力具体展现出来。在交谈中，语言的客观化产物变成了个人意识中的客体。所以说，持续使用同一种语言来把不断展现的生命经验客观化就是最基本的现实维护实例。从最宽泛的意义上讲，所有使用同一语言的人都属于能帮助自己维护现实的他人。我们还可以进一步使用所谓的"共同语言"概念来进行区分，从初级群体的群体内语言，到地区或阶级的方言，再到用语言来定义自身的国家共同体，等等。个人在回到能理解他的内部暗语的一伙人中时、回到讲自己方言的地方时，或是回到以特定的语言传统来标定自身的大集体中时，比如依次往前回到美国、回到布鲁克林、回到老同学中，都会相应地"回归现实"。

如果要有效地维护主观现实，交谈工具就必须具有持续性和一致性。持续性或一致性的中断意味着对主观现实的威胁。我们在前面讨论过个体在面对不一致性的威胁时可能采取的权宜之计，而要对付持续性中断的威胁，也有几种可用的手段。在无法见面时通过写信来继续重要的交谈，就是一个例子。㉒我们可以根据其创造或维护的现实所具有的厚度来将不同的交谈进行比较。大体上讲，增加交谈的频率可以增强它生成现实的能力，但低频率交谈的缺陷有时可以借助交谈的强度来加以弥补。某人也许一个月才能见到心上人一次，但见面时的热切交谈足以弥补见面次数少的缺憾。某些特定的交谈可以被明确定义和正当化为一种具有特殊地位的谈话，比如对神父的忏悔、与心理分析师的谈话或与类似的"权威"人物的谈话。在这些交谈中，"权威"人物在认知和规范两方面都占据了优势地位。

因此，主观现实总是会依托特定的可信结构（plausibility structures），即维护现实所需的具体社会基础和社会过程。个人只能在一个确认自己是重要人物的环境里来维护"自己是重要人物"的自我认同，只能在自己与天主教共同体保持重要关系的时候来维护自己的天主教信仰。如果中断了与可信结构的中转人的重要交谈，那么相应的主观现实就会受到威胁。写信的例子说明，即便在缺少实际交谈的时候，个人也会想办法用各种技术来维护现实，可是这些技术所具备的生成现实的能力要远逊于它们试图复制的那些面对面交谈。与面对面的确认隔离得越久，这些技术就越没有可能去保持现实感。一个在异信仰人群中生活了多年的人，在与同信仰的共同体隔断联系的同时，可能还会继续保持自己的认同。如果他是个天主教徒，通过祈祷、宗教活动以及类似的技术，他原来的天主教现实可以在主观上继续保持，最起码他作为一名天主教徒的自我认同可以继续得到维护。然而，如果不能通过与其他天主教徒的社会接触来"恢复生机"（revitalized），这些技术就会由于缺少"活的"现实而在主观上变得空洞。当然，一个人常常记得过去的现实，但是真正能"唤醒"（refresh）这些记忆的办法，就是与共享这些记忆的人进行交谈。[23]

可信结构也是将怀疑进行特定悬置时所需的社会基础。没有它，人们就无法在意识中维持现实的定义。那些能瓦解现实的怀疑会受到社会制裁，而这些具体的社会制裁已经被内化且被不断地再确认。嘲笑就是这类制裁的一种。只要个体留在可信结构中，那么无论何时他在主观上对现实产生了怀疑，他都会觉得自己很滑稽。他知道，如果自己把这些怀疑说出来，别人肯定会笑话自己。他会对自己笑一笑，在脑海里耸耸肩膀，然后继续生活在带有这种制裁的世界中。显然，一旦作为其社会母体（social matrix）的可信结构消失了，这种自动治疗就会变得困难得多。笑容将会变得勉强，最终将有可能被蹙眉沉思所代替。

危机情境中的维护程序与日常情况没有什么本质不同，区别只在于前者对现实的确认必须明确、彻底，而此时的常见方法就是使用仪式技术。虽然个人在面对危机时可以即兴采用一些现实维护程序，但为了应对那些被甄别为会破坏现实的危险情境，社会自身也设定了具体程序。在这些预先定义的情境中包含特定的边缘情境，死亡是其中最重要的一种。然而，在很多情况下都有可能发生现实危机，其数量远比边缘情境要多。它们既可能是集体性的，也可能是个人性的，具体是哪种则取决于社会定义的现实所遭遇的挑战的具体特征。在发生自然灾害时，维护现实的集体仪式就可能被制度化；在发生个人不幸时，维护现实的个人仪式就可能被制度化。针对外国人以及他们对"官方的"现实的潜在威胁，社会可能会设置一些专门的现实维护程序来处理。同外国人接触以后，个人也许要经历一个复杂的净化仪式。这场洗礼被内化为主观上的虚无手段，用以应对外国人所代表的替代现实。针对外国人、异端和疯子的禁忌、驱逐和诅咒都服务于个人的"精神卫生"（mental hygiene）。威胁在人们的眼中有多严重，防御手段就有多激烈。如果经常接触替代现实及其代言人，那么防御手段也会自然地失去它们的危机性而成为日常事物，比如每次遇到外国人时都吐三口唾沫，根本不用考虑太多。

从前面围绕着社会化所展开的讨论中，我们能够看出一种可能性，即主观现实是可以转变的。生活在社会中，就已然意味着要对主观现实进行持续的修正。要讨论转变（transformation），就要关注不同程度的修正。这里我们先考虑一种极端情况，在此情况下会出现一种近乎彻底的转变，即个人"切换了世界"（switch worlds）。如果我们能弄明白极端情况下的转变过程，那么其他非极端情况就更容易理解了。

从主观上看，上述极端情况下的转变通常是整体性的。当然，整体性一词可能会造成一些误解。由于主观现实不可能是完全社会化的，所以它也不可能被社会过程彻底转变。转变中的个人至少还保持着原来的身体，也生活在原来的物理世界中。不过相对来说，在所有的转变中，有一些转变的例子看起来较为彻底（同一些较小的修正相比），我们将这种转变称为"更替"（alternation）。㉔

更替需要再社会化（re-socialization）过程的参与。此过程与初级社会化相似，它彻底重组了现实的属性，因而也就必须在相当大的程度上把一个人在童年时与社会化人员之间那种强烈的情感认同复制出来。与初级社会化不同的是，再社会化并不是从无到有的，因此它必须拆除和瓦解旧有主观现实的惯有结构。那么如何做到这一点呢？

要实现成功的更替，其"处方"包括社会条件（social conditions）与概念条件（conceptual conditions）。当然，前者是后者的母体。最重要的社会条件是存在着一个有效的可信结构，它是转变的社会基础，为转变提供了"实验室"。重要他人把这个可信结构中转给个人，此时个人与重要他人之间必须有强烈的情感认同。这种认同不可避免地要复制初级社会化时对重要他人的情感依赖这种儿时经验。缺少了它，主观现实（当然也包括身份认同）就不可能发生任何根本性的转变，㉕这些重要他人乃是通往新现实的向导。借助自己在当事个体面前所扮演的角色（依据自身在社会化过程中的功能,这些角色可以得到明确的界定),重要他人将可信结构表征出来,并把新世界中转给对方。此时当事个体的世界就在该可信结构中找到了自身的认知与情感焦点。从社会的角度看,这就意味着,在面对着具身了可信结构的群体时,个人要高度专注地投入与他们的一切重要互动,对那些承担着再社会化任务的人还要予以特别关注。

宗教皈依就是更替的历史原型。上述讨论可以用宗教领域中的一句话来概括——教会以外无救恩(*extra ecclesiam nulla salus*)。所谓"救恩"(*salus*),我们指的是实际成功的信仰转变(这里我得向根据其他寓意来创造这句话的神学家道歉)。只有在宗教共同体中,即教会(*ecclesia*)之中,皈依才能作为合理的事物得到有效维护。皈依未必不能发生在加入共同体之前,大数城的扫罗(Saul)就是在他的"大马士革经验"**之后**才去寻找基督教的共同体。拥有皈依的经验并不是什么了不起的

> "教会以外无救恩",基督教信条,在公元 3 世纪由圣西彼廉(St. Cyprian)提出。

> "大马士革经验"出自《圣经》故事。扫罗是一个出生于大数城的希伯来人,信仰犹太教。有一次,他从耶路撒冷出发,前往大马士革抓捕基督徒。在路上,他忽然受到强光照耀并失明,同时听到耶稣对他说话。到了大马士革后,一位名叫亚拿尼亚的基督徒帮他治好了眼睛并为他施洗。他皈依了基督教,并更名为保罗。后人用"大马士革经验"来指代心灵的转变。

事，真正的问题在于是否能够一直严肃地对待它，始终觉得它是可信的。这时就需要宗教共同体的作用了，它为新现实提供了不可或缺的可信结构。换句话说，扫罗有可能在一个人的宗教体验中成为保罗（Paul），但是他只有在基督教共同体的背景下，才被认定为"保罗"。在此身份中的他被人们确认为"新存在"后，他才能**一直**是保罗。这种皈依和共同体的关系并非基督教的独有现象（尽管基督教教会的历史特点有些特别）。一个人不能在伊斯兰教的乌玛之外坚持做一个穆斯林，佛教徒不能出于僧伽之外，在印度以外的任何地方都很难做一名印度教徒。宗教需要宗教共同体，生活在宗教世界里就需要加入那个共同体。㉖那些世俗的更替机构也模仿了宗教皈依的可信结构，政治灌输和心理治疗就是这方面最好的例子。㉗

可信结构必须成为个人的世界，它要取代其他所有的世界，特别是个人在更替之前所"栖居"的那个世界。这就要求个人与其他世界的"居民"相隔离，特别是要与他之前所属世界的"居民"隔离。在理想情况下，这种隔离应当是物理性的，但如果出于某些原因做不到这一点，那就需要在定义上进行隔离了。也就是说，通过定义，把其他世界变得虚无。发生更替的个人需要从他原有的世界以及维护这一世界的可信结构中脱离。如果可能，这种脱离最好是身体上的；如果不可能，那也得在精神上脱离。无论哪种情况，他都不能再与非本教的人为伍，这样才能避免受到这些人身上潜在的现实破坏性的影响。在更替的早期（"见习期"），这种隔离尤其重要。然而，一旦新的现实得以凝结，与局外人就可以重新开始小心谨慎的关系。当然，这些在生命中曾经很重要的局外人依然比较危险。他们可能会说："别装了，扫罗。"有的时候，他们唤起的旧现实充满了诱惑。

由此可见，更替涉及对交谈工具的重新组织。重要谈话中的对象发生了变化。在同新的重要他人的谈话中，主观现实发生了转变。借助与重要他人的持续交谈，或是在重要他人所代表的共同体之中的交谈，主观现实得到了维护。说得简单一点，个人现在需要小心他的交谈对象。所有与新的现实定义相抵触的人或思想都要被系统性地排除。㉘可是，由于人们对过去的现实存有记忆，这种更替很少能够完全成功。于是，新的可信结构常常会提供各种治疗手段来监管"倒退"（backsliding）趋向。这些手段遵循前文所述的"治疗"的普遍模式。

对更替来说，最重要的概念要求（conceptual requirement）是要有一个服务于整个转变过程的正当化工具。必须正当化的东西既包括新的现实，也包括安放和维护新现实以及废除或否认所有替代现实的那些步骤。由于旧现实一定要被瓦解，因此概念装置的否定面尤为重要。旧现实以及之前把旧现实中转给个人的那些集体和重要他人，都得在新现实的正当化工具中得到重释。这种重释用诸如"公元前"/"公元后"，或"前大马士革"/"后大马士革"之类的区分给个人的主观生命制造出一种断裂。更替发生之前的所有事情都被视为更替的前导（比如《旧约全书》，或预备福音），更替发生之后的所有事情都来自更替后的新现实。这就涉及对过去全部生命的重释，它会遵循如下模式："那时我**认为**……现在我**知道**了。"这一过程常常包括对当前的解释图式所进行的追溯反省（其模式是"我那时已经知道了，尽管有点儿模糊"），以及对如今的重释乃是必备的，但之前在主观上并不存在的"动机"（其模式是"我做这事**实际**是为了……"）。更替之前的生命被放进一个负面范畴（其模式是："当我还过着罪恶的生活时""当我还带有资产阶级意识时""当我还被无意识的病态需求所驱使时"），这个范畴在新的正当化的工具中占据着一种战略地位，从而让更替前的整个生命变得虚无。生命的断裂划分出了认知上的黑暗与光明。

在总体的重释以外，人们还需要对以往的事件和以往的重要人士进行特殊的重释。发生更替的个人如果彻底忘掉这些，那是最好不过的，但我们都知道，彻底忘记是很难的，因此就有必要对一个人的往事和故人进行一番彻底的意义重释。由于发明新东西要比忘记旧东西容易得多，于是个人就可以根据需要来编造和插入一些事件，以此重释过去，抚平某处回忆。对个人来说，占有绝对合理地位的是新现实而非旧现实，因此他在上述过程中会觉得自己非常"真诚"，即从主观上来看，他并没有在过去的事情上说谎，而只是让过去与**真相**保持一致，这种真相统合了现在与过去。顺带说一下，如果要充分理解对宗教文献的篡改与捏造这类常见的历史现象背后的动机，我们就得学会从上述角度来解读。对于过去的人尤其是重要他人，也同样需要用这种方式进行重释。此时重要他人就成了一场戏剧中跑龙套的角色，对他们来讲，他们的角色意义是模糊的。当然，这些人通常会拒绝这样的安排。这就说明了为什么先知在自己的故乡通常不太顺遂；我们也就明白了，为什么耶稣要求他的信徒必须抛弃自己的父母。

到了这里，我们就不难为更替设计出一个具体的"方子"（prescription）。不管这个方子从局外人的角度看是多么的不可信，它都能让更替切入任何可想象的现实。我们可以设计出一些具体的步骤，比如告诉人们，只要坚持吃生鱼，他们就能够与外星人交流。如果读者愿意，我们可以转交剩下的事情，让读者用自己的想象力来完善这套"鱼诡辩论"的细节。这套"方子"应当包括以下部分：构建鱼诡辩论的可信结构，这一结构需要与外部世界相隔离且要配备必需的社会化人员和治疗人员；详细阐述鱼诡辩论的知识体系，它需要足够复杂、严密，能够解释为什么从前没有发现在生鱼与银河系心电感应之间所存在的显而易见的联系；还要加上必需的正当化和虚无化，以此为个人通往伟大真理的这段旅途赋予真意。如果这些步骤都被认真完成，那么一旦个人被引诱进或绑架进了鱼诡辩论的洗脑机构，发生更替的可能是相当大的。

从实际情况看，在承接初级社会化的次级社会化与我们刚才所讨论的再社会化之间还存在许多中间类型，它们都隶属于主观现实或它的特定区域的局部转变。在现代社会中，由于存在着个人的社会流动和职业培训等,这种局部转变相当常见。[20]此时,主观现实的转变有可能很显著。例如,在个人被打造成一名合格的中上层阶级人士或合格的医生并把相应的附属现实予以内化之时,就会发生这种转变。但此类转变远远比不上再社会化,因为它们建立在初级内化的基础上,通常要避免给个人的主观生命带来生硬的中断。因此它们就要面对下面这个问题:如何让主观现实中的前期元素和后期元素保持一致?此问题在再社会化的过程中是不会以这种方式出现的。再社会化打断了个人的生命,重新解释了过去,而不是将现在与过去联系起来。当次级社会化距离再社会化越来越近却又不会真的变成后者时,这个问题就会越来

> 戈尔迪之结,民间传说。在小亚细亚北部地区的戈尔迪乌姆城中,有一座宙斯神庙。庙内有一辆牛车,车轭和车辕之间用山茱萸绳结成一个绳结。神谕"谁能解开这个绳结,谁就能成为亚细亚之王",但几百年来无人能做到。公元前334年,亚历山大大帝率军来到此处,在尝试解开绳结失败后,他拔剑将绳结斩断。后人常用"戈尔迪之结"比喻缠绕不清的问题,而亚历山大大帝的做法被视为对这种问题的不讲理却有用的解决方案。

越尖锐。由于放弃了对一致性的追求并要重建新的现实,再社会化就斩断了一致性问题的戈尔迪之结(Gordian knot)。

在保持一致性时也要对过去进行修补。不过,同再社会化相比,这是一种较为温和的做法。在这种情况下,个人与过去的重要他人和重要群体间通常还保持联系。这些重要他人和重要群体

依然在个人身边出现。对于太过离奇的重释，他们很可能会表示反对，因此必须要说服他们：自己现在所发生的转变是可信的。在伴随社会流动所发生的转变中会有既定的解释图式，这些图式的作用是向一切有关人士解释到底发生了什么，而**不是**为相关个人安排一场彻底的变形。因此，如果某对父母的孩子发生了向上的社会流动，他们会认为孩子在行为和态度上的特定变化是必要的，甚至是非常可取的，它们都是孩子人生新乐章的伴奏曲。"当然了"，他们会赞成孩子欧文淡化自己的犹太人身份，因为他已经成了郊区中一名成功的医生；"当然了"，他现在的着装风格和言谈方式不太一样了；"当然了"，他现在会投票给共和党；"当然了"，他娶了一个瓦萨女孩（Vassar girl）；或许他很少来看父母都会变成理所当然的事情。此类解释图式在一个有着高水平的向上流动机制的社会中是现成的，个体在真正实现流动之前就已经将其内化了，由此保证了人生的连续性，并能够在不一致性出现时及时将其消除。㉚

> 瓦萨学院（Vassar College）位于纽约，是美国最早为女性提供精英教育的学校之一。人们认为从这个学校毕业的女生有以下特点：受过高等教育，自以为是，喜欢指使男性，性观念开放。

当转变较为剧烈却短暂时，类似的手段也会出现，比如短期军训或短期住院。㉛只要将这些做法与职业军人的训练或慢性病患者的社会化做一番比较，它们与全面再社会化的差别就显而易见了。在这种情形中，与原有现实和身份（一位市民或一个健康的人）的一致性是已经给定的，因为人们都假定自己最终会回归其中。

总的来讲，上述手段与再社会化有着相反的特性。在再社会化中，过去需要被重释以符合当前的现实。再社会化倾向于将主观上不曾存在的各种因素回掷（retroject）到过去。在次级社会化中，现在需要被解释，以与过去保持一种连续的关系。次级社会化倾向于把实际已发生的转变最小化。换句话说，再社会化的现实基础是现在，而次级社会化的现实基础是过去。

第二节　内化与社会结构

社会化总是以特定的社会结构为背景。无论是社会化的内容还是衡量社会化是否"成功"的标准，都与社会结构的状况有关，也都对社会结构产生影响。换句话说，对内化现象的微观社会学或社会心理学分析必须以对内化现象的结构特性所做的宏观社会学解读为背景。[32]

考虑到此处理论分析的层次，我们无法对社会化内容与社会结构配置（social-structural configurations）之间的不同经验关系展开详细讨论。[33]不过，我们可以对"成功的"社会化背后的社会结构成分做一个大致的考察。在提到"成功的社会化"时，我们所指的是在客观现实与主观现实（当然也包括认同）之间建立起一种高水平对称。相反,"失败的社会化" 就可以理解成客观现实与主观现实间的不对称。我们已经看到,从人类学的角度讲,彻底成功的社会化是不可能的。彻底失败的社会化不能说没有,但也是极其稀少的。它仅限于一种情况,即个体有极其严重的生理疾病,连最低程度的社会化都完成不了。因此,我们的分析就需要关注位于一个连续统之中的渐变,这个连续统的两极在经验上是无意义的。这种分析方法的好处在于它使我们能够对成功社会化的条件和结果做一些一般化的讨论。

在有着极其简单的劳动分工与最低程度的知识分配的社会中,最成功的社会化会出现。这种条件下的社会化所制造的身份在很大程度上已被社会预先定义和编录(profiled)了。由于社会为每个人的一生提供了基本相同的制度规程,因此制度秩序的总体力量在每个人身上所加载的负荷是大致相等的。这种总体力量为客观现实提供了不可抗拒的整体性,使其得以被内化。由此,身份被严格地编录了,完全代表着它所置身的那个客观现实。简单说来就是:每个人都恰好**是**他所应是的那个人。在这样一个社会中,身份在客观上和主观上都很容易识别。每个人都知道其他人是谁,也知道自己是谁。骑士就**是**骑士,农夫就**是**农夫,对他人与对自己都一样。因此,这里就不存在认同**问题**。像"我是谁"这种问题不可能在意识中出现,因为社会预先定义的答案在主观上是压倒性的事实,并且所有重要的社会互动都一致确认这一点。当然,这并不意味着个人会喜欢自己的身份。一个农夫可能永远都不满意自己的身份，做一个农夫会遇到各种问题。这些问题在主观上是真实的，它们压迫着人，根本就不会带来幸福感。但是这里并不涉及身份认同的问题。某人可能是一个悲惨的，甚至可能是一个有着反叛精神的农夫，但他就是农夫。在这种条件下长大的人，不太可能借助"潜藏奥秘"（hidden depths）（取其心理学上的意义）的概念来想象自己。诚然存在着"表层"（surface）自我和"里层"（under-the-surface）自我这对概念，但它们反映的是某一时刻呈现给意识的主观现实的范围，而不是对自我的"层次"（layers）的恒定区分。比方说，农夫在殴打妻子时与奉承地主时对自我的角色的理解是不一样的。在任何一种情况下，另一种自我的角色都是"里层"的，即它没有出现在农夫的意识中。但是，任何一个角色都不能被视为"更深层的"或"更真实的"自我。换句话说，这种社会中的个人不仅正是他所应该是的那个人，而且是以统一的和"非层状的"（unstratified）方式做到这一点的。㉞

只有在人生中出现意外（生理性的或社会性的）时，才会出现失败的社会化。一名儿童的初级社会化可能受到两种因素的损害，一是被社会污名化了的某些身体缺陷，二是基于社会定义的污名。㉟跛子和私生子是这两种例子的代表。另外，还存在着一种可能，即某些生理性障碍将社会化内在地阻断了，比如特别严重的精神缺陷。所有这些都属于个体的不幸，它们没有为反认同和反现实的制度化提供基础。实际上我们可以说，正是这一事实才把这些人生不幸给圈定出来了。在这种社会中，跛子和私生子对于加在自己身上的污名身份几乎没有任何主观防御。对他自己、对他的重要他人以及对整个共同体来说，他就是他应是的那种人。当然，对于这种命运，他可能报以怨恨或愤怒，但这只能佐证他的低人一等。这些怨恨和愤怒甚至可以为社会给他定义的劣等身份提供最具决定性的承认，因为比其高等的人显然鲜有这些粗鲁的情感。于是，他被所处社会的客观现实囚禁了，尽管从他的主观角度看，这一现实是陌生的、被剪裁过的。这样的个体就无法被成功地社会化。原因就在于，在他的社会定义的现实与主观现实之间存在着不对称。实际掌控着他的是社会定义的现实，在这个生僻的世界里，他无法自拔，而主观现实仅仅非常勉强地反射着这个世界。然而这种不对称并不会积累出结构效果，其原因在于，要把它结晶为一个将反面认同的集群都制度化了的反面世界，就必须存在一种社会基础，而这种社会基础在此时是缺失的。没有被成功社会化的个体被社会预先定义为一种编录类型——跛子、杂种、傻子等。不管在这类人的自我意识中偶尔冒出什么样的反面自我认同，都不会有可信的结构来将这些转瞬即逝的幻想（ephemeral fantasies）予以转化。

然而，一旦这些个体聚集到一个稳定的社会群体中，对现实和身份的反定义就会萌芽了，其所引发的变迁过程将会带来一种更加复杂的知识分配。一种反面现实将在未成功社会化的边缘群体中被客观化，此时该群体也就自然会启动自己的社会化进程。

举个例子来讲,"灾孽"(leper)及其后代在一个社会中可能被污名化。这种污名也许仅涉及那些有身体疾患的人,如麻风病人;也许还包括那些被社会所定义的人,比如在地震中出生的人。因此,人在出生时就可能被定义为灾孽,这个定义会严重影响他们的初级社会化。在一个疯婆子的安排下,他们被送到共同体之外的地方抚养,原共同体仅在最低限度上向他们传递其制度传统。只要这些个体没有组成自己的反面共同体,那么即便人数众多,他们的客观认同和主观认同也会符合共同体的制度规程所提供的预先定义。他们就**是**灾孽,没有别的身份。

如果存在着一个灾孽群落,这个群落的规模足够大,存在的时间足够长,以致它能为现实(也包括作为一个灾孽的命运)的反面定义提供可信结构,那情况就要发生变化了。身为一个灾孽,不论是生物性的还是社会性的,现在都可能意味着被神选中了。那些原先无法完全内化共同体现实的个体,现在就能在灾孽群落的反面现实中被社会化。也就是说,无法在一个社会中成功地实现社会化往往伴随着在另一个世界中的成功社会化。在这个变化过程的早期,反面事实和反面身份的结晶可能隐藏在更大的共同体的知识背后,而这些知识仍然预先定义并维持着那些个体作为灾孽的身份,并没有其他可能。他们真的还不知道,自己"实际"是上帝的宠儿。在这个时候,被划分到灾孽范畴中的个人也许会发现自己身上的"潜藏奥秘","我是谁"这个问题就有可能被提出来了。其原因很简单,社会给出了两种矛盾的答案:

一个来自疯婆子（"你是一个灾孽"），另一个来自"灾孽"群落自己的社会化人员（"你是上帝的儿子"）。当群落的现实定义被个人意识赋予更高地位的时候，他在大共同体中的"可见"行为就会与他"不可见"的自我认同（另外一个完全不同的人）割裂开来。换句话说，在个人理解中，在"表象"（appearance）与"现实"（reality）之间出现了裂缝。他不再是社会假想的那个人了。**行为**上，他是灾孽；**身份**上，他是上帝的儿子。如果我们把这个例子继续演绎下去，当非灾孽群体也看到裂缝的时候，我们就会发现，共同体的现实也将受到上述变化的影响。在最低程度上讲，再也不能像以前那样很轻松地把那些人定义为"灾孽"了，因为人们不知道，那些被定义为"灾孽"的人是否真的这么界定自己；在最大程度上讲，再也不能很轻松地辨识出某人的身份了，因为如果灾孽可以拒绝他们被赋予的身份，那么其他类型的人也可以，或许自己也可以这么做。上述过程初看起来很稀奇，但历史上有着一模一样的例子：对于印度教的贱民，甘地就把他们称作"哈里真"，即"上帝之子"。

如果某个社会中存在着较为复杂的知识分配，那么，在不同的重要他人向某个人中转不同的客观现实的时候，失败的社会化就可能会出现。换句话说，失败的社会化也可能是社会化人员的异质性所导致的。这里还可以细分出几种不同的情况。在第一种情况下，初级社会化中的所有重要他人中转着共同的现实，但他们的角度有相当大的差异。当然，每个人都是有着特殊人生的特殊个人,因此每个重要他人在观察同一现实时所处的角度必然存在一定的差异。但是,只有当重要他人之间的差异源自他们的社会类型而非个人特点时,才会导致失败的社会化。比如,男人和女人也许居住在相当不同的社会世界,那么假如男人和女人都是初级社会化中的重要他人,他们就会把矛盾的现实传递给孩子。这种事情本身并不会为社会化增加失败的风险。社会已经认识到男人和女人掌握着不同的现实版本,这种认知本身也属于初级社会化的内容。因此,对男孩来讲,男性版本的现实具有预定的主导性;对女孩来讲,女性版本的现实则具有预定的主导性。孩子会**知道**属于异性的现实版本,甚至会有异性的重要他人向其中转过这种现实,但孩子不会对这个版本产生**认同**。即便是最少量的知识分配也会为同一现实的不同版本指定特定的管辖范围。在上面这个例子中,根据社会定义,女性版本对男孩是没有约束力的。一般来说,对异性的现实的"正确位置"(proper place)的定义会被儿童内化,儿童只会"正确地"认同自己被分派的那个现实。

不过,如果在关于现实的定义上存在着某种竞争,从而带来了选择问题,"变态"(abnormality)就会成为一种人生可能了。在成长的过程中,有多种原因会让孩子做出"错误选择",比如父亲在初级社会化的关键时期缺席、完全由母亲和三个姐姐抚养长大的男孩,就可能内化了女性世界的"不正确"因素。她们可能会把"正确"的约束定义传递给小男孩,让他**知道**自己不应生活在女性世界中，但他仍有可能**认同**女性世界。他由此而具有的"女人味"（effeminacy），也许是"有形的"，也许是"无形的"。但不管怎样，这都会在他的社会指派身份与主观真实认同之间造成一种不对称。㊱

可以肯定的是，一个社会必然会提供某些治疗机制来应对这些"变态"的情形。对于治疗，这里无须赘述，我们只需强调一点：社会结构中蕴含着越多的失败的社会化的可能性，对治疗机制的需求就越强烈。在前面所讨论的例子中，被成功社会化的儿童肯定会对"犯错"的儿童施加压力，这是一种最起码的治疗。只要在被中转的现实定义之间不存在根本的冲突，所谓的差异只是同一现实的不同版本带来的，那么治疗就有相当大的可能获得成功。

在上文所讨论的情况中，不同的社会化人员所派送的不同版本的现实是属于同一世界的，其原因是，此时紧密凝聚为一个集体来承担初级社会化任务的不同个人（比如一对夫妇）很可能编造出了他们之间的某个共同世界。这里我们讨论第二种情况：如果初级社会化中的重要他人中转着尖锐对立的世界，那也会导致失败的社会化。当知识分配变得非常复杂时，对立的世界就可能出现。在初级社会化中，对立的世界会通过不同的重要他人被中转。同上文所讨论的情况相比，这种情况并不多见，然而它的确会出现，而且具有相当重要的理论意义。

举个例子来讲，抚养某个儿童的人也许不仅有他的父母，还有一个雇来的保姆，这个保姆来自低等种族或低等阶层。父母中转给孩子的世界也许是某个种族所施行的贵族统治，而保姆所中转的世界也许是另一个种族所讲述的农民被压迫的世界。这两种中转甚至可能使用完全不同的语言，孩子同时学会了，但父母和保姆之间无法相互理解。在这种情况下，父母的世界当然占有预定的主导地位，在所有相关人员以及孩子自己的眼中，他都属于父母而非保姆的群体。但是，正如前面第一种情况所讨论的，对两类现实的各自辖区（respective jurisdiction）所做的这种预先定义有可能被各种人生意外推翻，而与第一种情况不同的是，此时所发生的失败的社会化就蕴含着更替的可能。这种可能性被个人内化，永久地扎根在这个人的主观自我理解中。对儿童来说，原来潜在的选择呈现出更加清晰的脉络。儿童看到了不同的世界，而非同一世界的不同版本。当然，从实际经验来看，在前文所述的第一种情况和此处所说的第二种情况之间，还存在着许多过渡情形。

170 当初级社会化中转了尖锐对立的世界时，个人就需要在几种编录好的身份中进行选择。它们都是真正有可能的人生，他既可能成为 A 种族所理解的这种人，也可能成为 B 种族所理解的那种人。这时也许就会出现真正的隐藏身份了。在参照那些客观有效的类型化时，隐藏身份不会那么容易被辨认出来。换句话说，在"公共的"与"私人的"生命之间可能存在着一种不对称，这种不对称被以社会性的方式隐藏起来。对父母而言，孩子正准备继承爵位，可他们并不知道，孩子只是在敷衍他们，"真正"支撑着他的乃是保姆的下层社会所提供的可信结构。孩子真正要投身的是受压迫群体的更高层次的宗教奥义。就现代社会来说，在家庭中的社会化过程与同辈群体中的社会化过程之间，也会出现类似的矛盾。在家里人看来，孩子就要从初中毕业了，而在同龄伙伴看来，他可能正打算去偷辆汽车来练胆。可想而知，在这些情形中，人在内心会感受到多少冲突和内疚。

如此看来，任何人一旦被社会化后都会成为潜在的"自我的叛徒"。但是，事情也绝非那么简单，如果我们考虑一下，在一个特定的时刻**哪一个**"自我"遭到了背叛，这个问题就复杂得多了。只要对于不同重要他人的认同引出了不同的概化他人，我们就得正视这种复杂性。当孩子迎接宗教奥义时，他就在背叛父母；在为继承爵位而接受训练时，他就在背叛保姆。如果要做一名"循规蹈矩"（square）的年轻学者，他就背叛了同龄伙伴；如果去偷车，他就背叛了父母。由于拥有来自两个矛盾世界的身份，他的每一次背叛都同时伴随着对自己的不忠。在前文对更替进行分析时，我们已经讨论了他有可能采取的几种选择。可以看到，当初级社会化内化了这些选择时，它们会带来不同的主观现实。我们也确信，不管什么样的选择使得什么样的主观现实在斗争中占了上风，更替都是一种终身威胁。在初级社会化过程中引入了更替的可能性后，这一威胁就永久地生根了。

到了这里，"个人主义"（在矛盾的现实和身份中进行个人选

171

择）就和失败的社会化直接联系起来了。我们已经指出，失败的社会化会带来"我是谁"的问题。在这些失败的社会化所处的社会结构背景中，当那些实现了**成功的**社会化的人面对着遭遇了失败的社会化的人并开始反思的时候，他们也会提出同样的问题。他们或早或晚都会遇到那些有着"潜藏自我"的人，都会遇到矛盾世界中已经或正在进行更替的"叛徒"。借助一种镜像效应，问题就会跑到他自己身上来了。一开始会是这种模式——"若非上帝保佑，我也难以幸免"，到最后模式可能变为"他们可以，为什么我不行？"这就为"个人主义式"的选择打开了潘多拉的盒子，而且不论选择的"对""错"是否能决定一个人的人生历程，这种个人主义的选择最终都会被概化。作为一种特殊的社会类型，"个人主义者"就出现了。这类人有着最起码的在若干不同的可行世界中来回迁移的潜能。他审慎地、刻意地用若干可行身份所提供的"材料"为自己建构出一个自我。

当初级社会化与次级社会化之间出现矛盾的时候，第三种较为重要的失败社会化就出现了。一个人保持着初级社会化过程中的主观身份，但是在次级社会化的过程中，替代性的现实和身份会作为主观选择而出现。当然，这些选择会受到个人所处社会结构背景的限制。他可能想成为一名骑士，但他的社会地位使得这种想法变成了愚蠢的野心。当次级社会化分化到一定程度时，一个人就有可能在主观上对自己在社会中的"合适位置"去除认同，而同时，社会结构又不允许他去实现自己主观选择的身份，这时就会出现一种有趣的情况——主观选择的身份变成了一种幻想的身份，它在个人意识中得以客观化，成为他的"真实自我"（real self）。这就好比每个人都有一些无法实现的梦想。这一幻想的特异之处在于，它是对一种想象中的身份的客观化，而不是对客观分配的或初级社会化时已内化的身份的客观化。很显然，这种现象一旦蔓延开来，就会给社会结构带来紧张和不安，威胁着制度规程以及环绕它们的那些理所当然的现实。

初级社会化与次级社会化之间的矛盾还会带来另一个重要后果，即与前面所讨论的情形相比，个人与矛盾世界之间的关系发生了本质上的变化。假如矛盾世界出现在初级社会化阶段，个人可以选择认同其一而反对其他。由于这一过程发生在初级社会化中，它的情感色彩会相当浓重。认同、去认同和更替都必然伴随着情感危机，原因是它们都不可避免地依赖重要他人的中转。而如果矛盾世界共现于次级社会化中，那就会带来完全不同的情形。在次级社会化中，内化并**不**需要伴随着对重要他人的富有感情的认同，个人在内化不同现实的时候可以**不**认同它们。因此，如果在次级社会化过程中出现了一个替代世界，个人也许会以一种操控的方式来选择它。我们不妨将它称为比较"酷"的更替。个人内化了新现实，但这并不是**他自己的**现实，而是能为他的特殊目的所用的现实。当需要扮演一些角色时，他在主观上保持着与这些角色的距离，并刻意地、有目的地把这些角色假装"套在身上"。假如这种现象传播开来，整体的制度秩序就会呈现为一

个交互的操控网络。㊲

如果一个社会具有普遍的、以市场为基础的矛盾世界,那就会使主观现实和身份认同呈现出一些特殊构型。人们会日渐普遍地意识到**所有**世界的相对性,这其中也包括自己的世界,此时它在主观上被视为"**某一**世界",而非"**唯一**世界"。于是就出现了这种结果:个人的制度化行为被理解为"一种角色",个人可以在意识中把自己与角色分离开来,以操控的方式来"扮演"它。比如,贵族就不再简单地**是**个贵族,他会**装成**一个贵族,等等。与个人假扮自己的非预定身份相比,假扮自己的预定身份是性质完全不同的事情,它的影响要深远得多。在现代工业社会中,这种情形越来越普遍,但是,要对这种构型进行进一步的知识社会学和社会心理学分析,就显然超出了我们目前的讨论范围。㊳我们只强调一点,要理解这种情形,就必须时刻把它和它的社会结构背景联系起来。因为从逻辑上讲,它体现的是劳动的社会分工(以及它对社会结构的影响)与知识的社会分配(以及它对现实的社会客体化的影响)之间的必然关系。在当代情境中,这就需要将现实、认同的多元化与工业主义的结构动力联系起来进行分析,尤其要关注工业主义给社会分层模式带来的变迁动力。㊴

第三节 关于认同的理论

认同显然是主观现实中的一个关键元素。与所有的主观现实一样，认同与社会之间形成了一种辩证关系。认同是由社会过程形塑的。一旦结晶，它就会被社会关系维护、修正乃至重塑。社会结构决定了在认同的形成与维护过程中所发生的社会过程；反之，由有机体、个人意识和社会结构的交互作用所制造的认同又反作用于给定的社会结构，同样对它进行维护、修正甚至重塑。在具体认同产生的过程中，社会有着自身的历史，可是这些历史也是由带着具体认同的人制造出来的。

如果一个人意识到了上述辩证关系，那么他就可以避免"集体认同"（collective identities）这种概念误区了，因为这一概念没有考虑到个人存在（individual existence）的永恒独特性（sub specie aeternitatis）。⑩具体的历史性的社会结构孕育出认同的**类型**，这些类型可以在个人身上得到辨识。在这个意义上我们可以断言，在一个美国人与一个法国人、一个纽约人与一个美国中西部人、一个总裁与一个流浪汉之间都有着不同的身份认同，凡此种种。正像我们已经看到的，日常生活中的取向与行为都依赖这些类型。这就意味着，这些认同的类型可以在日常生活中被观察到，有常识的普通人就可以证实或驳斥我们的断言。如果一个美国人对于法国人与自己有区别这件事情心生疑问，那么他可以去趟法国，自己看看。当然，这些类型无法与社会科学中的那些建构相提并论，我们所说的证实与驳斥也并不遵循科学方法的准则。这里我们必须把方法论问题放在一边，不去琢磨在日常生活的类型与科学建构之间有什么样的精确关系（一个清教徒知道自己是清教徒，在他人比如一位圣公会教徒的眼中，这个人也是清教徒，无须太多考虑；然而，如果一位社会科学家想要检验韦伯的清教伦理命题，他就必须遵循不太一样的、更加复杂的步骤来把韦伯所使用的理想类型的经验对应物"识别"出来）。在这里我们要强调的是，这些认同类型在前理论和前科学的经验层次上是"可观察的"（observable）和"可验证的"（verifiable）。

认同这一现象在个人与社会之间的辩证法中产生，而从另一个角度来看，认同**类型**又是不折不扣的社会产物，是客观社会现实中相对稳定（稳定程度反过来也是由社会决定的）的元素。同样，在任何社会中都存在各种形式的、关于认同的理论议题。即便一个社会中的认同是稳定的，即便个人认同的形成不存在什么问题，也依然会有这样的理论议题。关于认同的理论总是会被嵌入一个对于现实的更普遍的解释；它们被"内置"到象征世界及其理论正当化之中，并随后者的特性发生变化。除非在一个世界中得到了定位，否则认同就是无法理解的。针对认同或具体认同类型的任何理论工作都必须在它们所处的那个理论解释的框架中展开。在后文的讨论中，我们还会回到这个论点上来。

应该再次强调的是，在这里我们把关于认同的理论看成一种社会现象，即我们承认它们可以为现代科学处理。实际上，我们会把这种理论称为"心理学"。所有宣称能够全面解释经验现象的认同理论都属于这个范畴，不论这些解释以当代科学的标准衡量是否"有效"（valid）。

如果关于认同的理论总是被嵌入更宏大的现实理论（theories about reality），那我们就必须以现实理论的逻辑来理解认同理论。举个例子来讲，解释"着魔"这种特定经验现象的心理学会将宇宙神话学作为它的母体，因此我们不宜在一个非神话学的框架内对其进行解释。同样，从脑电波紊乱这一角度来解释同一现象的心理学是以关于现实（包括人的现实和非人的现实）的一套整体科学理论为背景的，从这套理论的基本逻辑中可以推导出心理学解释的一致性。总而言之，心理学是以一定的宇宙论为前提的。

"面对现实"（reality-oriented）这一常用的精神病学术语可以很好地说明上述观点。[41]在诊治心理状况有问题的个体时，精神医师会问他一些问题，以此确定他"面对现实"的程度。这么做相当符合逻辑。从精神医师的角度看，一个不知道今天是星期几的人，或者一个轻易承认自己曾与亡灵对话的人，显然有些问题。在这种情境中，"面对现实"这一术语切实有用。然而社会学家必须再多问一个问题："到底是**哪个**现实？"有时候这一附加问题与精神治疗也有关系。假如一个人刚从越洋航班上下来，此时如果他不知道今天是星期几，我们的精神医师就得全面考虑这个问题了。不知道今天是星期几，可能只是因为他还处于"另一个时间"中，比如加尔各答时间，而非美国东部时间。如果精神医师对心理状况背后的社会—文化背景比较敏感，那么对于那些同死人交谈的人，他可能就会依照其地域来源（纽约，或者海地的乡下）做出不同的诊断。与前面那个处于"另一个时间"中的人一样，个人还可能处于"另一个现实"中，二者有着相同的社会客观意义。换句话说，如果脱离了个人所处的社会情境，未能认识到这种情境中理所当然的现实定义，关于心理状况的问题就无法得到定论。说得更直接一点，心理状况通常与现实的社会定义有联系，它的定义本身就是社会意义上的。⑫

心理学的出现带来了认同与社会之间的又一层辩证关系，即心理学理论与它所要界定和解释的主观现实元素之间的辩证关系。当然，就像正当化理论一样，这些理论工作的层次高低不一。前文针对正当化理论的起源和阶段所谈的内容在这里同样有效，但是两者之间存在着一个重要区别：心理学所关心的现实维度，对个人来说是最重要的，它具有最持久的主观相关性。因此，这些理论与现实之间的辩证关系会以一种可被觉察的方式直接地、强烈地影响个人。

当心理学理论变得高度复杂以后，就需要由接受过这套知识体系特训的人员来掌管它。无论这些专家背后有着什么样的社会组织，心理学理论都会再次进入日常生活，提供解释图式，以处理那些个案问题。主观认同与社会所指派的身份之间的辩证法，或是认同与其生物基质之间的辩证法所带来的各种问题，都会根据理论范畴被分类，这么做乃是一切治疗的前提。因此，对社会中所实行的认同维护与认同修复措施来讲，心理学理论可以将它们正当化。心理学理论既是在社会意义上被定义的也是在主观上被接纳的，它在认同与世界之间建立了理论联结。

从经验的角度看，心理学理论有可能是可靠的（adequate），也可能是不可靠的。当然，这里我们并**不是**在"经验科学"的规范程序意义上来论述。我们所说的"可靠"指的是，对日常生活的经验现象来讲，心理学理论可以为专家或普通人提供可用的解释图式。如果用一个解释"着魔"现象的心理学理论来解释纽约的犹太中产阶级知识分子的认同问题，它就谈不上是可靠的了。这些人根本就不会有相应的认同来生成可供该理论解释的现象。魔鬼这种事物，就算真的有，也不会沾上他们。同样，在解释海地农民的认同问题时，精神分析就不可靠了，而某种伏都心理学所提供的解释图式也许具有很强的经验准确性。在应用于治疗时，可以证明，两种心理学在经验上都是可靠的，但是它们都没有为自己所用的范畴提供本体论依据。在各自的社会背景所定义的世界之外，伏都神与力比多都不可能存在。然而，在各自的背景中，社会定义了它们的存在；在社会化的过程中，它们也被内化为现实。海地的农民**确实**着了魔，而纽约的知识分子**确实**得了神经官能症，着魔和神经官能症是各自**背景**中主观现实和客观现实的有效成分。对日常生活经验来说，这些现实的确存在。同理我们可以说，这些心理学理论在经验上也是可靠的。那么心理学理论是否有可能克服社会—历史的相对性，以及如何克服？对于这些问题，我们先不做讨论。

只要心理学理论是可靠的，我们就可以说它们通过了经验的验证。这里需要再次说明，我们所讨论的验证并不是科学意义上的验证，而是在日常社会生活的经验中来验证。比如可能会有这样的说法，在每个月的特定几天出生的人比较容易着魔，或是说有强势母亲的人容易得神经官能症。但只要这些说法隶属于前面所说的可靠理论，它们在经验上就可以被验证。这种验证既可以由该社会情境的参与者来操作，也可以由外界的人来操作。一个海地的民族学家可以通过经验发现纽约人的神经官能症，正如一个美国民族学家也能通过经验发现伏都教的着魔。要发现这些现象，前提很简单，即外来的观察者愿意在调查中使用本土心理学的概念装置。对他来讲，此时所采用的心理学是否具有一种更加普遍的认识论效力，与其所做的直接经验调查并没有关系。

从另一个角度来看，如果心理学理论反映了它们所要解释的心理学现实，它们就是可靠的。然而如果事情仅仅如此的话，理论与现实之间的关系就不会是辩证的了。真正的辩证过程是由心理学理论的**实现**潜能带来的。只要心理学理论属于现实的社会定义之中的元素，它们就会像其他正当化理论一样，具有创造现实的能力。这种能力是它们的原生属性。然而，心理学理论的实现潜能特别强大，其原因在于，激发这种潜能的乃是富有情感的认同形成过程。假如一种心理学被社会性地确立了（人们普遍认可它是对于客观现实的可靠解释），它便会在它所要解释的现象中有力地实现自我。它与内在现实相关这一事实会加速它的内化，以致人们正是在内化它的行动中将它实现了。另外，心理学本来就与身份有关，对心理学的内化很可能伴随着对身份的辨识，这就意味着形成了认同。在内化与认同的紧密联结中，心理学理论表现出与其他类型的理论的巨大差异。同样，由于失败的社会化会极大地刺激这种理论化，心理学理论就会比其他理论更易带有社会化的效应。这并不是说心理学是自我验证的。就像我们已经指出的，验证来自于心理学理论与经验可知的心理学事实之间的碰撞。心理学生成一个现实，现实反过来又成为理论验证的基础。换句话说，我们在这里所讨论的是辩证法，而非同义反复。

内化了伏都心理学的海地农民一旦发现了明确的标志，他就"着魔"了。同样，内化了弗洛伊德心理学的纽约知识分子一旦发现了自己了解的症状，他就会患上神经官能症。事实上，在特定的人生背景中，个人会为自己制造出这些"标志"或"症状"。在上述例子中，海地人不会制造神经官能症的症状而只会制造着魔的标志，纽约人则会依照已知的症状学知识建构出自己的神经官能症。这和"集体癔症"（mass hysteria）没什么联系，更不是"没病装病"（malingering），而是体现了在拥有常识的普通人身上都能看到的、铭刻在个人主观现实之中的那些社会身份类型。认同的程度会随内化条件的变化而变化，就像前面所讨论的，这取决于它发生在初级社会化中还是次级社会化中。要想在社会中建立某种心理学，还需要为负责理论和具体治疗的人员指定特定的社会角色，而这一过程也在很大程度上依赖各种社会—历史环境。㊸不过，一种心理学在社会中的地位越稳固，它能解释的现象就越丰富。

如果有的心理学可以在自己的形成过程中变得可靠,那就带出了一个隐含问题:那些至今都不可靠的(它们在形成过程的早期当然应该这样)理论为何会出现呢?或者换种更简单的讲法,在历史上,为什么一种心理学能替代另一种呢?这里我们可以给出一个概括性的答案:当认同无论基于什么原因而成为一个问题的时候,这种变化就发生了。这个问题也许源于心理学事实与社会结构之间的辩证关系。社会结构的剧烈变迁(比如工业革命所带来的变化)导致心理学事实的相应变迁。在这种情况下,由于旧的心理学理论不再能够为身边的经验现象提供可靠的解释,新的心理学理论就可能出现。关于认同的理论就会试图把握住实际发生的认同转型,并在这一过程中进行自我转型。另一方面,作为内在理论发展的结果,在理论层次本身,认同就会变得有问题。在这种情况下,我们可以说,心理学理论就需要"先于事实"被编造出来。它们**后续**在社会中的确立以及相应的生成现实的潜能,也许是由理论化人员和不同社会利益之间的亲和性所决定的。政治利益群体对意识形态所做的有意操控,就是一个历史证明。

第四节 有机体与认同

关于生物有机体为现实的社会建构过程所带来的预设和限

制，我们在本书中已经讨论过了。这里需要强调的是，有机体持续地影响着人类建构现实的活动的每个阶段，但它反过来也受到这些活动的影响。这个道理可以说得再直白一点：人的动物性在社会化过程中被转化，但并没有被消除。因此，即使某人正忙着国家大事，在饿的时候他的肚子也会咕咕叫。反过来，他做的这些事情，他的产品，可能会使他的肚子叫得更大声一些或更小声一些，抑或是叫起来有些变化。人甚至能一边吃东西一边思考理论问题。任何一次晚餐中的交谈都可以说明，人的动物性和社会性是持续并存的。

因此我们可以说，在自然与社会之间存在着一种辩证法。㊹这种辩证法存在于人的条件之中，并在每一个人类个体那里重新彰显自身。当然，对于个人来说，这种辩证法会在已经结构化的社会—历史情境中展现自己。在每一个动物人与它的社会—历史情境之间都存在着一种持续的辩证关系。它在社会化的最早阶段进入，贯穿于个人的社会生活，持续地展现自身。从外部看，这就是在个体动物与社会世界之间的辩证法。从内部看，它是个体的生物基质与社会所制造的认同之间的辩证法。

从外部来讲，有机体会对社会的可能性施加限制。就像英国的宪事律师所说，议会能做任何事情，但是不能让男人生孩子。如果议会试着这么做了，那

> 英国有一句谚语，"议会想干什么都行，除了把男人变成女人"，用来形容英式代议制下议会的至上权力。

就只能在生物学的铁律面前以失败收场。社会的可能性究竟在多大范围内对人类开放，这是由生物因素决定的，而社会世界本身对每个个体来说又是先在的，反过来对有机体的生物可能性施加了限制。这一辩证法在有机体与社会的**互相**限制中得以彰显。

社会对有机体的生物可能性所施加的限制最清楚地体现在寿命问题上。处于不同的社会地位的人有着不同的预期寿命，即使在当代美国社会，下层阶级和上层阶级的预期寿命也有显著差异。进一步来说，处于不同社会地位的人的疾病发生率和疾病特点也会有所不同。下层阶级的人比上层阶级的人更容易得病，他们得的病也不一样。换句话说，社会决定了个人有机体能生存多久、以什么方式生存。社会控制措施会使这种决定变成制度规程，比如法律。社会可以让人残废，可以让人死亡。实际上，正是通过对生命与死亡所施加的权力，社会才展现了它对个人的终极控制。

社会也直接渗透到有机体的功能中，尤其是性（sexuality）与营养（nutrition）。虽然性和营养都根源于生物内驱力，但是对人这种动物来说，这些内驱力极具弹性。人被他的生物构造所驱动，寻求着对性需求与营养需求的满足，但他的生物构造并未告诉他，他应该去**哪里**释放性欲，他应该吃**什么**。如果是独自一人的话，他可能会对着任何一个物体来发泄性欲，也完全有可能吃下一些致命的食物。性和营养通过社会的而非生物的方式被引导至特定方向。这种引导不仅会给上述活动施加限制，也会直接影响到有机体的功能。因此，成功实现了社会化的个人就不能对着"错误"的性对象来践行性功能，在遇到"错误"的食物时他会呕吐。就像我们已经看到的，对活动的社会引导乃是制度化的本质，而制度化是现实的社会建构的基础。可以说，社会现实不仅决定着活动与意识，它在很大程度上也决定着有机体的功能。因此，那些内在的生物功能，如"性高潮"和"消化"，皆是社会建构的。社会也决定了在活动中使用有机体的方式，表现力、步法和姿态都是社会建构的。这里也许涉及一种身体的社会学，但这不是我们的讨论重点。㊺关键的问题是，社会为有机体设定了限制，就像有机体为社会设定了限制一样。

从内部来讲，我们所讨论的辩证法是在生物基质对社会锻造（social molding）进行抵抗时表现出来的。㊻初级社会化的过程就是一个最明显的例子。对一个孩子进行第一次社会化时所遇到的困难并不简单地来自关于学习的内在问题。小孩子会像小动物一样反抗。虽然这场战斗注定会失败，但这一事实并不能消除他对社会世界不断施加的渗透性影响所做的动物性抵抗。举个例子来讲，孩子会反抗强加在自身有机体时间之上的社会时间结构。㊼他会听从自己的生物指令，拒绝按照钟点吃饭、睡觉。在社会化的进程中，这种抵抗逐渐瓦解了，但是它被永久地保存下来。只要遇到社会禁止饿肚子的人吃饭、禁止困的人睡觉的情形，它就以一种挫折感的形式表现出来。社会化不可避免地带有这种生物性的挫折感，社会存在就立足于个人生物性抵抗的不断屈服，这正是正当化和制度化所关心的。因此，对于为什么每天要吃三顿饭而不是感到饿了就能吃，社会为个人提供了多种解释；而对于他为什么不能跟自己的姐妹睡觉，给出的解释则更有力。在次级社会化的过程中，当有机体逐渐适应社会建构的世界时也会出现类似的问题，但此时的生物挫折感未必那么强烈。

对于已经充分社会化的个人来说，在他的认同与认同的生物基质之间有着一直存在的内部辩证关系。⑱个人始终感觉自己是个有机体，这个有机体脱离了自身的社会客体，有时甚至与之相抵触。这种辩证法常被理解为"高级"自我与"低级"自我之间的斗争，它们各自对应于一种社会身份和一种前社会的，也许是反社会的动物性。"高级"自我要不断地宣示自己优于"低级"自我，有时这就呈现为对个人力量的考验。比如说，一个人在战斗中必须用勇气来克服对死亡的本能恐惧，"低级"自我必须被"高级"自我打倒。他要在主观上和客观上维持"勇士"的社会身份，就必须对生物基质坚持这种主导权。与之相似，一个男人要维持自己男子汉的完美形象，就可能在没有生理需求的时候强振精神去做爱，此时"低级"自我同样被迫为"高级"自我服务。战胜恐惧与性乏力，都展现了生物基质的抵抗方式和具有社会自我的人所采用的征服方式。显然，在日常生活中还存在许多常规的小型"胜利"，就像大大小小的"失败"同样存在一样。

从生物性角度来看，人注定要与他人共同建构和栖身于一个世界。对他来说，这个世界会变成主导性和决定性的现实。自然为这个世界设定了一些限制，但是一旦被建构起来，该世界就会反作用于自然。在自然与社会所建构的世界的辩证关系中，人类有机体自身得到了转化。也正是在这个辩证关系中，人创造了现实，也随之创造了自己。

结语：知识社会学与社会学理论

经典名句

◆ 社会学的事业必须保持与历史学和哲学的持续对话，否则它将失去恰当的研究对象。这个对象就是作为人类世界一部分的社会。它由人创造、由人栖居，并反过来在一个持续的历史进程中创造人。而人文主义社会学的一大贡献，就在于它重新唤起了我们对于这一蹊跷现象的好奇心。

在前文中，我们尝试为知识在社会中的角色提供一个普遍化和系统化的说明。本书的分析显然没有面面俱到，但我们希望，我们为发展一个系统的知识社会学理论所做的尝试会激发出更多的批判性讨论和经验调查。我们能够确信的只有一点：重新定义知识社会学的问题和任务事不宜迟。我们期待着，沿着本书所指出的道路，未来的工作能够取得更多的丰硕成果。

不过话说回来，我们的知识社会学概念也包含了对社会学理论和整个社会学学科的一些普遍启示，并且为社会学研究的许多具体领域提供了一个不太一样的视角。

对客体化、制度化和正当化的分析可以直接应用于语言社会学、社会行动与制度理论以及宗教社会学等领域。我们对知识社会学的理解可以导出一个结论：语言社会学和宗教社会学不应被视为与社会学理论无关的边缘方向，它们会为社会学理论做出重要贡献。这种观点并不是多么新颖，涂尔干及其学派早就指出了这一点，只是由于一些非理论的原因，这个事实被人忘记了。我们希望自己已经清楚地说明，知识社会学以一种语言社会学为前提，而一种没有宗教社会学的知识社会学也是不可能的（反之亦然)。进一步来讲,我们相信自己已经表明,韦伯和涂尔干的理论立场可以通过一种社会行动的综合理论来统合,这种理论并不会伤害二者各自的内在逻辑。最后,我们被引向了知识社会学与米德及其学派的思想的理论核心(theoretical core)之间的联系。我们主张,这种联系意味着一种有趣的可能性。我们不妨将其称为社会心理学,即一种从对人类境况的社会学理解中获取基础视角的心理学。这种思路是有理论前景的。

更宽泛地来说,我们认为,对个人与社会之间的辩证法以及个体认同与社会结构的辩证法之中的知识角色进行分析,会为所有领域的社会学提供非常重要的补充视角。当然,对社会现象的纯粹结构分析完全适合于广大社会学研究领域,比如从小群体研究到经济政治等大的制度复合物研究。我们并不是要否认这一点。我们的目的只是给出一个建议,即一种知识社会学的"视角"理应以某种方法被置入上述所有分析。在很多情况下,就研究的认知目的来说,这种做法并不是必要的,但我们的建议是,在把分析结果整合进社会学理论体系的时候,必须认真而非客套地对待呈现在结构性数据之后的那些"人的因素"。要做出这种整合,就需要对结构性的现实和人类建构现实的历史事业之间的辩证关系进行一番系统的说明。

写这本书时我们并没有挑起论战的兴趣,然而我们也不会傻到去否认一点:对于社会学理论的当前状况,我们持明显的保留态度。一方面,通过分析制度过程和正当化象征世界的相关关系，我们已试着说明，为什么要把社会科学中功能主义解释的标准版本看成一种理论戏法（theoretical legerdemain）；另一方面，我们也希望自己已经有理有据地说明，纯粹的结构社会学天生就带有将社会现象物化的危险，即便它在开始时仅仅谦虚地将自己的建构称为一种诠释，但到了最后它总是将自己的概念化与宇宙法则相混淆。

同当代社会学中一些占主导地位的理论化相比，我们尝试发展的概念**既不是**一个反历史的"社会系统"，**也不是**一种反历史的"人性"。我们所运用的方法既不同于社会学家，也不同于心理学家。我们不同意社会学的研究对象是所谓的社会"系统"与心理"系统"的"动力学"。这其实是在对一种可疑的关系进行事后解释（附带说一句，关于"社会系统"和"人性"这两个概念的知识旅程，倒是值得做一项经验知识社会学的个案研究）。

社会现实与个人的历史存在之间的辩证法绝不是什么新的洞见，它早被马克思极其有力地引入了当代社会思想。然而，我们要做的是将一种辩证观引入社会科学的理论导向。这并不是要把马克思思想的一些内容引入社会学理论，仅仅断言前面所提到的辩证法的确存在、普遍存在，并没有什么意义。我们要做的是，把这种断言变成对一个概念框架中的辩证过程的具体分析，这一概念框架与社会学思想的大传统相符。像教条马克思主义者常做的那样仅就辩证法夸夸而谈，对社会学家来讲自然是一种蒙昧主义。我们相信，只有理解了马塞尔·莫斯（Marcel Mauss）所说的"总体性社会事实"(total social fact),社会学家才能同时避免唯社会学和唯心理学所带来的扭曲物化。正是由于在思想境况中已经真实地看到了这种双重风险,我们才将这本书摆到了读者面前。

我们的工作一直是理论性的,然而任何经验学科中的理论都必须以两种方式与该学科的"数据"(data)相关:它必须与其相容,也必须能推动进一步的经验研究。有大量的经验问题等待着知识社会学的研究。这里我们不宜为自己觉得最有趣的问题开出一个目录,更不可能去提出具体假设。在进行理论讨论时所举的那些例子里,我们已经给出了存留于脑海中的一些问题。这里只要补充一句:从我们的观点看,对制度和正当化象征世界之间的关系的经验研究会大大增强我们对当代社会的社会学理解。这里的问题不可胜数。当我们用"世俗化""科学时代""大众社会"等术语,或者相反,用"自主的个体""发现无意识"等术语来描绘现代社会的时候,我们非但没有看得更清楚,反而感觉视野更模糊了。这些术语唯一能说明的是,有无数的问题等待着科学去澄清。大家也许都会承认,现代西方人总的来说生活在一个与之前极为不同的世界中。然而在现实的意义上,这意味着什么呢?这个问题远未明了。在客观现实与主观现实之中,人们演绎着他们的日常生活,迎接着属于他们的危机。对这种问题的经验研究多少都与之前的智力思考(intelligent speculation)有所不同,可它刚刚起步。我们希望,我们所尝试的对知识社会学理论视角的澄清，会为这类研究提出其他理论视角都易忽视的问题。仅举一个例子，如果精神分析理论不再被视为"科学"命题（不管是正面意义还是负面意义），而是被视为对当代社会中一种非常独特和非常重要的现实建构所进行的正当化，那么精神分析理论旗下的部分社会科学家的现有旨趣就会染上一层非常异样的色彩。当然，这种看法需要为这些理论的"科学效力"问题加上括号，只需单纯地把它们视为理解主观和客观现实时所用的证据。这些证据来自这些现实，反过来又影响这些现实。

对于我们的知识社会学概念所包含的方法论内涵，我们已经极力避免去解读它。可是有一点也很明确，如果实证主义被理解为定义社会科学对象的哲学立场，并以这种方式把社会科学中那些最重要的问题加以合法清除，那我们的方法就是非实证主义的。当然，从广义上来看，我们也不会贬低"实证主义"在重新界定社会科学经验调查的准则时所体现出的价值。

知识社会学把人类现实理解为社会建构的现实。从传统上看，现实的本质一直是哲学的中心问题，因此我们的理解具有特定的哲学含义。然而这个问题与它所涉及的所有疑问在当代哲学中有着很强的琐碎化的趋势，因此社会学家可能会吃惊地发现，自己乃是专业哲学家不再关心的那些哲学问题的继承人。在本书的很多部分，尤其是在分析日常生活的知识基础以及讨论与人类存在的生物性前提有关的客体化和制度化问题时，我们都能看到社会学取向的思维能为哲学人类学所做的贡献。

总而言之，我们对于知识社会学的看法也意味着一种对于社会学学科的特定看法。这并不是说社会学不是科学，即它不应该采用经验性的方法或是做不到"价值中立"。这**实际上**是说，在把人当作人来对待的科学中，社会学应占有一席之地。在这种特定意义上，社会学就是一个人文主义学科（humanistic discipline）。这一概念带来了一个重要推论：社会学的事业必须保持与历史学和哲学的持续对话，否则它将失去恰当的研究对象。这个对象就是作为人类世界一部分的社会。它由人创造、由人栖居，并反过来在一个持续的历史进程中创造人。而人文主义社会学的一大贡献，就在于它重新唤起了我们对于这一蹊跷现象的好奇心。

注 释

绪 论

① 参见 Max Scheler, *Die Wissensformen und die Gesellschaft* (Bern, Francke, 1960)。这一论文集首次出版于 1925 年。在一篇题为《知识社会学问题》("Probleme einer Soziologie des Wissens")的文章里,舍勒描述了知识社会学的基本构想。这篇文章的实际发表时间早于论文集一年。

② 参见 Wilhelm Windelband and Heinz Heimsoeth, *Lehrbuch der Geschichte der Philosophie* (Tübingen, Mohr, 1950), pp. 605 ff.。

③ 参见 Albert Salomon, *In Praise of Enlightenment* (New York, Meridian Books, 1963); Hans Barth, *Wahrheit und Ideologie* (Zurich, Manesse, 1945); Werner Stark, *The Sociology of Knowledge* (Chicago, Free Press of Glencoe, 1958), pp. 46. ff; Kurt Lenk (ed.) *Ideologie* (Neuwied/Rhein, Luchterhand, 1961), pp. 13 ff.。

④ *Pensées*, v. 294

⑤ 参见 Karl Marx, *Die Frühschriften* (Stuttgart, Kröner, 1953)。The *Economic and Philosophical Manuscripts of 1844* will be found on pp. 225 ff.。

⑥ 关于马克思的下层结构/上层结构图式,参见 Karl Kautsky, "Verhältnis

von Unterbau und Ueberbau," in Iring Fetscher (ed.), *Der Marxismus* (Munich, Piper, 1962), pp. 160 ff.; Antonio Labriola, "Die Vermittlung zwischen Basis und Ueberbau," *ibid.*, pp. 167 ff.; Jean-Yves Calvez, *La pensée de Karl Marx* (Paris, Editions du Seuil, 1956), pp. 424 ff.。20世纪对这一问题的最重要的重构是由格奥尔格·卢卡奇（György Lukács）在《历史与阶级意识》（*Geschichte und Klassenbewusstsein*, Berlin, 1923）一书中完成的。现在我们更易获得这本书的法语译本（*Histoire et conscience de classe*, Paris, Editions de Minuit, 1960）。在《1844年经济学哲学手稿》被重新发现约十年以前，卢卡奇就完成了这项工作，可见他对马克思"辩证法"概念的理解多么令人赞叹。

⑦ 尼采在知识社会学方面最重要的著作是《道德的谱系》（*The Genealogy of Morals*）和《权力意志》（*The Will to Power*）。有关这个问题的进一步讨论，参见 Walter A. Kaufmann, *Nietzsche* (New York, Meridian Books, 1956); Karl Löwith, *From Hegel to Nietzsche* (English translation-New York, Holt, Rinehart and Winston, 1964)。

⑧ 将尼采的思想应用于知识社会学的最早也是最有趣的尝试之一，是由阿尔弗雷德·赛德尔（Alfred Seidel）在《作为灾难的意识》（*Bewusstsein als Verhängnis*, Bonn, Cohen, 1927）一书中做出的。作为韦伯曾经的学生，赛德尔尝试着用一种对意识的彻底的社会学批判来将尼采与弗洛伊德的思想整合到一起。

⑨ 对历史主义与社会学之间的关系最具建设性与启发性的讨论之一，是由卡洛·安东尼（Carlo Antoni）在《从历史主义到社会学》（*Dallo storicismo alla sociologia*, Florence, 1940）一书中发起的。也可参见 H. Stuart Hughes, *Consciousness and Society* (New York, Knopf, 1958), pp. 183 ff.。在威廉·狄尔泰（Wilhelm Dilthey）的著作中，对我们当前的问题最有助

益的当属《精神科学中历史世界的建构》(*Der Aufbau der geschichtlichen Welt in den Geisteswissenschaften*, Stuttgart Teubner, 1958)。

⑩ 关于舍勒的知识社会学思想的精彩讨论,参见 Hans-Joachim Lieber, *Wissen und Gesellschaft* (Tübingen, Niemeyer, 1952), pp. 55 ff. See also Stark, *op. cit.*, *Passim.*。

⑪ 关于这一时期德国社会学的大体发展,参见 Raymond Aron, *La sociologie allemande contemporaine* (Paris, Presses Universitaires de France, 1950)。从这一时期开始的对知识社会学的重要贡献,参见:Siegfried Landshut, *Kritik der Soziologie* (Munich, 1929); Hans Freyer, *Soziologie als Wirklichkeitswissenschaft* (Leipzig, 1930); Ernst Grünwald, *Das Problem der Soziologie des Wissens* (Vienna, 1934); Alexander von Schelting, *Max Webers Wissenschaftslehre* (Tübingen, 1934)。谢尔廷的书至今仍是有关韦伯方法论的最重要讨论,它必须被放在有关知识社会学的辩论的背景中来理解,并集中关注舍勒和曼海姆对于知识社会学的勾勒。

⑫ Karl Mannheim, *Ideology and Utopia* (London, Routledge & Kegan Paul, 1936); *Essays on the Sociology of Knowledge* (New York, Oxford, University Press, 1952); *Essays on Sociology and Socil Psychology* (New York, Oxford University Press, 1953); *Essays on the Sociology of Culture* (New York, Oxford Univerisity Press, 1956). 库尔特·沃尔夫 (Kurt Wolff) 将曼海姆最重要的知识社会学论著汇集起来,并辅以一篇非常有用的导言,编成了 Karl Mannheim, *Wissenssoziologie* (Neuwied/Rhein, Luchterhand, 1964)。有关曼海姆知识社会学概念的进一步讨论,可以参见 Jacques J. Maquet, *Sociologie de la connaissance* (Louvain, Nauwelaerts, 1949); Aron, *op. cit.*; Robert K. Merton, *Social Theory and Social Structure* (Chicago, Free Press of Glencoe, 1957), pp. 489 ff.; Stark, *op. cit.*; Lieber, *op. cit.*。

⑬ 利贝尔（Lieber）在前引书中描述了这一学科最早的两种路径的特征。

⑭ 参见 Merton, *op. cit.*, pp. 439 ff.。

⑮ 参见：Talcott Parsons, "An Approach to the Sociology of Knowledge," *Transactions of the Fourth World Congress of Sociology*（Louvain, International Sociological Association, 1959）, Vol. IV, pp. 25 ff.; "Culture and the Social System," in Parsons et al.（eds.）, *Theories of Society*（New York, Free Press, 1961）, Vol. Ⅱ, pp. 963 ff.。

⑯ 参见 Talcott Parsons, *The Social System*（Glencoe, Ⅲ., Free Press, 1951）, pp. 326 ff.。

⑰ 参见 C. Wright Mills, *Power, Politics and People*（New York, Ballantine Books, 1963）, pp. 453 ff.。

⑱ 参见：Theodor Geiger, *Ideologie und Wahrheit*（Stuttgart, Humboldt, 1953）; *Arbeiten zur Soziologie*（Neuwied/Rhein, Luchterhand, 1962）, pp. 412 ff.。

⑲ 参见 Ernst Topitsch, *Vom Ursprung und Ende der Metaphysik*（Vienna, Springer, 1958）; *Sozialphilosophie zwischen Ideologie und Wissenschaft*（Neuwied/Rhein, Luchterhand, 1961）。汉斯·凯尔森的法律实证主义学派对托皮奇产生了重要影响。关于凯尔森的思想对于知识社会学的意义，参见 Hans Kelsen, *Aufsätze zur Ideologiekritik*（Neuwied/Rhein, Luchterhand, 1964）。

⑳ 参见：Daniel Bell, *The End of Ideology*（New York, Free Press of Glencoe, 1960）; Kurt Lenk（ed.）, *Ideologie*; Norman Birnbaum（ed.）, *The Sociological Study of Ideology*（Oxford, Blackwell, 1962）。

㉑ 参见 Stark, *op. cit.*。

㉒ Alfred Schutz, *Collected Papers*, Vol. I（The Hague, Nijhoff, 1962）, p. 149. 黑体字是我们标记的。

㉓ *Ibid.*, Vol. Ⅱ（1964）, p. 121.

㉔ 关于涂尔干学派对知识社会学的影响，参见：Gerard L. DeGré, *Society and Ideology*（New York, Columbia University Bookstore, 1943）, pp. 54 ff.; Merton, *op. cit.*; Georges Gurvitch, "Problèmes de la sociologie de la connaissance," *Traité de sociologie*（Paris, Presses Universitaires de France, 1960）, Vol. Ⅱ, pp. 103 ff.。

㉕ 据我们所知，在有关象征互动主义的讨论中，与知识社会学问题最接近的是 Tamotsu Shibutani, "Reference Groups and Scocial Control," in Arnold Rose（ed.）, *Human Behavior and Social Processes*（Boston, Houghton Mifflin, 1962）, pp. 128 ff.。对象征互动主义的学者来说，之所以他们未能在米德学派的社会心理学与知识社会学之间建立起联系，与知识社会学在美国的有限"扩散"显然有关系。不过，更重要的原因则在理论基础层面，即米德自己和他的追随者都没有发展出有关"社会结构"的充分概念。在我们看来，正是由于这一点，对米德学派与涂尔干学派的研究方法进行整合才会如此重要。可以看到，就像美国社会心理学家对知识社会学的冷漠使得他们无法将自己的视角与宏观社会学理论打通一样，当今欧洲的新马克思主义思想对米德的完全忽视也会导致严重的理论缺陷。颇为讽刺的是，新马克思主义理论家一直试图与弗洛伊德心理学（它的人类学预设与马克思主义在本质上是不相容的）建立联系，却完全忽视了米德理论的存在，而后者对社会与个体之间的辩证关系的讨论与新马克思主义是非常贴合的。关于这个讽刺现象的最近的例子，可以参见 Georges Lapassade, *L'entrée dans la vie*（Paris, Editions de Minuit, 1963）。从另一个角度看，这本书又颇具启发性，因为它处处都在召唤米德。这一讽刺现象在美国学界也存在，尽管在知识背景上有些差异，但近来的一些美国学者也在尝试着将马克思与弗洛伊德的思想加以贯通。有一位欧洲社会学家凭借米德及其传统成功地构建起一套社会理论，这就是滕

布鲁克（Friedrich Tenbrnck），参见他的教授资格论文《历史与社会》(*Geschichte und Gesellschaft*, *Habilitationsschrift*, University of Freiburg, 待出），书中题为"现实"（Realifät）的一节特别值得关注。在一种与我们不同的体系中，滕布鲁克针对米德问题采取了与我们十分默契的处理方式，并且讨论了现实的社会起源和现实得以维护的社会结构基础。

㉖ Talcott Parsons, *The Structure of Social Action* (Chicago, Free Press, 1949), p. v.

㉗ Emile Durkheim, *The Rules of Sociological Method* (Chicago, Free Press, 1950), p. 14.

㉘ Max Weber, *The Theory of Social and Economic Organization* (New York, Oxford University Press, 1947), p. 101.

第一章 日常知识的根基

① 本章的全部内容基于舒茨和卢克曼即将出版的《生活世界的结构》(*Die Strukturen der Lebenswelt*) 一书。鉴于这一点，我们就不再引述舒茨已出版的著作中对同一问题的讨论。总的来说，我们的观点来源于舒茨，并由卢克曼在上书中予以发展。如果想了解已出版的舒茨作品，可以参阅 Alfred Schutz, *Der sinnhafte Aufbau der sozialen Welt* (Vienna, Springer, 1960); *Collected Papers*, Vols. Ⅰ and Ⅱ。读者若对舒茨如何将现象学方法运用于分析社会世界感兴趣，应特别留意 *Collected Papers*, Vol. Ⅰ, pp. 99 ff., 以及 Maurice Natanson (ed.), *Philosophy of the Social Sciences* (New York, Random House, 1963), pp. 183 ff.。

第二章 作为客观现实的社会

① 近期一些生物学著作讨论了人在动物王国中所处的特殊位置，如：Jakob

von Uexküll, *Bedeutungslehre*（Hamburg, Rowohlt, 1958）; F. J. J. Buytendijk, *Mensch und Tier*（Hamburg, Rowohlt, 1958）; Adolf Portmann, *Zoologie und das neue Bild vom Menschen*（Hamburg, Rowohlt, 1956）。对于这些来自生物学视角的作品，哲学人类学予以吸收并揭示了它们的重要意义，参见 Helmuth Plessner（*Die Stufen des Organischen und der Mensch*, 1928 and 1965）以及 Arnold Gehlen（*Der Mensch, seine Natur und seine Stellung in der Welt*, 1940 and 1950）。盖伦在有关制度的社会学理论中进一步发展了这些视角，他的《原始人与现代文明》（*Urmensch und Spätkultur*, 1956）一书便是这方面的代表。对于后者的介绍，参见 Peter L. Berger and Hasnsfried Kellner, "Arnold Gehlen and the Theory of Institutions," *Social Research* 32: 1, 110 ff.（1965）。

② "种属特异环境"一词是于克斯屈尔（von Uexküll）提出的。
③ "世界的开放性"这一术语的人类学含义是由普莱斯纳（Plessner）和盖伦揭示的。
④ 作为个体的人类有机体的独特性，主要是由波特曼（Portmann）的研究揭示的。
⑤ "人类的胎儿期延续到出生后的一年"这一看法是由波特曼提出的，他把这一年称为"宫外成长期"（extrauterine Frühjahr）。
⑥ "重要他人"这一术语来自米德。有关米德的个体自我发育理论，可以参见他的作品：*Mind, Self and Society*（Chicago, University of Chicago Press, 1934）。Anselm Strauss（ed.）, *George Herbert Mead on Social Psychology*（Chicago, University of Chicago Press, 1964）为米德的作品提供了一个有价值的概要。有关这些问题的进一步讨论，建议参考 Maurice Natanson, *The Social Dynamics of George H. Mead*（Washington, Public Affairs Press, 1956）。

⑦ 在"作为一种自我产品的人"这一概念与"人性"这一概念之间有着一种本质的二元对立。这造就了两种截然不同的人类学立场，一种是马克思与其他纯粹社会学的立场（尤其是米德的社会心理学），另一种是弗洛伊德和许多非弗洛伊德心理学的立场。如果要让当今的社会学和心理学进行任何有意义的对话，那么澄清这两种立场的差异非常重要。在社会学理论的内部，我们可以根据与"社会学"和"心理学"两极的距离来对理论做出区分。在靠近"心理学"一极的社会学中，帕累托（Vilfredo Pareto）的工作可能是最为清晰的。顺便提一句，接受或拒绝"人性"这一预设往往意味着政治意识形态上的有趣含义，对于这个问题，这里就不方便展开讨论了。

⑧ 对于这个问题，可参见布洛尼斯拉夫·马林诺夫斯基（Bronislaw Malinowski）、鲁思·本尼迪克特（Ruth Benedict）、玛格丽特·米德（Margaret Mead）、克莱德·克拉克洪（Clyde Kluckhohn）和乔治·默多克（George Murdock）的著作。

⑨ 这里对人类性活动可塑性的看法，与弗洛伊德早先提出的"力比多"这一不成熟的概念有着共通之处。

⑩ 米德在自我的社会起源理论中对这一点做了清晰的说明。

⑪ "奇特性"（eccentricity）这一术语来自普莱斯纳。我们也可以在舍勒晚期关于哲学人类学的作品中找到类似的观点，参见 Max Scheler, *Die Stellung des Menschen im Kosmos* (Munich, Nymphenburger Verlagshandlung, 1947)。

⑫ 人类自我生产的社会特质主要是由马克思在《德意志意识形态》(*The German Ideology*) 一书中批判施蒂纳（Stirner）时清楚地指出的。让-保罗·萨特（Jean-Paul Sartre）从早期的存在主义到后期的修正式马克思主义的发展，即从《存在与虚无》(*L'être et le néant*) 到《辩证理性批判》

（*Critique de la raison dialectique*）的发展，是当代哲学人类学在这一社会学重要视角上所取得的让人印象最深刻的一个成就。对于萨特本人思考的宏观社会—历史进程与个体经历之间的"调和"（mediations）问题，米德的社会心理学也能够提供很大的助益。

⑬ 人的人性与社会性之间有着密不可分的联系，对这一观点的清晰表述主要是由涂尔干完成的，详见《宗教生活的基本形式》（*Formes élémentaires de la vie religieuse*）一书的结论部分。

⑭ 我们坚持认为，社会秩序并不基于任何"自然规律"，但这并不是说我们对"自然规律"这一概念持有某种形而上学的立场。我们的论据仅限于有经验支持的自然事实。

⑮ 涂尔干坚持主张社会秩序是独立的，这一点尤其体现在他的《社会学方法的准则》（*Règles de la méthode sociologique*）一书中。外化的人类学必然性则是由黑格尔和马克思提出的。

⑯ 外化的生物学基础及其与制度的出现的关系是由盖伦提出的。

⑰ "库存知识"一词来自舒茨。

⑱ 盖伦在他的"欲望过度"（*Triebüberschuss*）与"减压"（*Entlastung*）概念中谈到了这一点。

⑲ 盖伦在他的"背景填充"（*Hintergrundserfüllung*）概念中谈到了这一点。

⑳ "情境定义"这一概念由托马斯（W. I. Thomas）提出，并在他的社会学著作中得到了进一步发展。

㉑ 这里的"制度"概念要比当今社会学中广为流行的"制度"概念范围更为宽泛。我们认为，这样一个宽泛的概念有助于全面理解基本的社会过程。关于社会控制，可以参见 Friedrich Tenbruck, "Soziale Kontrolle," *Staatslexikon der Goerres-Gesellschaft*（1962）和 Heinrich Popitz, "Soziale Normen," *European Journal of Sociology*。

㉒ "采纳对方的角色"这一术语来自米德。我们在这里借用了米德的社会化范式并将其应用在更宽泛的制度化问题上。此处的论证融合了米德的方法与盖伦的方法的关键点。

㉓ 在这里,齐美尔对二人群体到三人群体这一扩展的分析非常重要。下文的论述融合了齐美尔和涂尔干有关社会现实的客观性的概念。

㉔ 用涂尔干的话来说,随着从二人群体到三人群体乃至进一步的扩展,最初的构造就变成了真正的"社会事实",即它们获得了物性(*choséité*)。

㉕ 这里可以同让·皮亚杰(Jean Piaget)提出的婴儿"现实主义"相比较。

㉖ 对于当代家庭中的这一进程,可以参见 Peter L. Berger and Hansfried Kellner, "Marriage and the Construction of Reality," *Diogenes*, 46(1964), 1 ff.。

㉗ 前面的描述非常接近涂尔干对社会现实的分析。这与韦伯主义的"社会的意义特质"并不矛盾。由于社会现实总是源于有意义的人类行动,它就始终承载着意义,即便这种意义在某些时候对个体来说是不透明的。正是通过韦伯所说的"理解"(*Verstehen*),原初的意义可以被重新建构。

㉘ "客体化"这一术语源自黑格尔主义/马克思主义中的事物化(*Versachlichung*)概念。

㉙ 当代美国社会学倾向于略去第一个时刻,因此社会在它的眼中就接近于马克思所说的"物化"(*Verdinglichung*),即将社会现实扭曲为一种非辩证的事物,忽视了它是人类创造物这一特质,而只将其归入物的范畴,以一种仅适用于自然世界的眼光来看待它。这里所隐含的去人化问题被社会大传统中的价值观淡化了,这在道德上大概是好事,但在理论上是没什么用的。

㉚ 帕累托对制度的"逻辑"的分析与这里的讨论有关。滕布鲁克在前引文中提出过与我们相似的观点。他也坚持认为,"朝向连贯性的紧张"(strain towards consistency)扎根于人类行为的意义特质。

㉛ 这显然是所有功能主义取向的社会学的根本缺陷。列维-斯特劳斯对这一点进行过极有力的批判，参见 Claude Lévi-Strauss, *Tristes tropiques* (New York, Atheneum, 1964), pp. 183 ff. 对波洛洛社会（Bororo society）的讨论。

㉜ "处方知识"一词源自舒茨。

㉝ "客体化"一词源自黑格尔主义的对象化（*Vergegenständlichung*）概念。

㉞ "沉积"一词源自胡塞尔（Edmund Husserl）。它最早由舒茨在社会学语境中使用。

㉟ 这是胡塞尔"单体形成"（monothetic acquisition）这一术语的意思，它也是由舒茨来扩展应用的。

㊱ 有关"社会自我"与总体自我的矛盾，可参见米德关于"我"的概念与涂尔干的人性二重性（*homo duplex*）概念。

㊲ 尽管我们的讨论所使用的术语异于米德，但是我们的"角色"概念非常接近于他，我们正是试图将米德的角色理论扩展到一个更大的参照框架内，即把制度理论包含进来。

㊳ "表征"（representation）一词非常接近涂尔干的用法，但是范围更广一些。

㊴ 这一"联结"过程是涂尔干社会学的一个核心关注点——通过培养团结性来将社会整合为一体。

㊵ 整合的象征性表达就是涂尔干所说的"宗教"。

㊶ "知识的社会分配"概念源自舒茨。

㊷ "调和"这一术语一直为萨特使用，但是在萨特那里缺少角色理论所能赋予它的具体意义。它很好地表明了角色理论和知识社会学之间的普遍联系。

㊸ 这一问题可以被视为对制度秩序的"密度"的讨论。不过，我们一直尽力避免在书中引入新的术语，因而我们决定不用这个词，尽管它具有一

定的启发性。

㊹ 这就是涂尔干所说的“有机团结”(organic solidarity),后来列维-布留尔(Lucien Lévy-Bruhl)在谈到原始社会中的“神秘参与”时为这个涂尔干主义的概念进一步赋予了心理学内涵。

㊺ 这里可以对比埃里克·沃格林(Eric Voegelin)的“紧致性”(compactness)与“分殊化”(differentiation)概念,参见 *Order and History*, Vol. I(Baton Rouge, La., Louisiana State University Press, 1956)。塔尔科特·帕森斯在其著作中的不同地方也谈到过制度分化。

㊻ 马克思、涂尔干、韦伯、滕尼斯(Ferdinand Tönnies)、帕森斯等人都曾分析过劳动分工与制度分化之间的关系。

㊼ 可以说,尽管在细节上存在着不同的解释,但是在社会学理论的发展史上,人们对这一点有着高度共识。

㊽“纯理论”与经济剩余之间的关系首先是由马克思指出的。

㊾ 齐美尔在讨论“忠诚”(faithfulness)这一概念时分析了制度的持存倾向,参见 *Soziologie*(Berlin, Duncker und Humblot, 1958), pp. 438 ff.。

㊿“去制度化”的概念源自盖伦。

(51) 对私人领域去制度化的分析,是盖伦关于现代社会的社会心理学的核心问题,参见 *Die Seele im technischen Zeitalter*(Hamburg, Rowohlt, 1957)。

(52) 如果使用些新词的话,我们可以将其称为制度秩序“融合”或“区隔”程度的问题。表面上看,这一问题与结构功能主义所关注的社会的“功能整合”类似,然而后面这一术语已经预设,一个研究社会制度外在功能的外来观察者能够确认社会的“整合”,与之相反,我们认为“功能”和“功能失调”都只能在意义的层面上来分析,因而“功能整合”(如果一个人想要使用这个术语的话)就意味着通过不同的正当化过程进行制度秩序的整合。换句话说,**整合的基础并不在于制度,而在于它们的**

正当化过程。这就意味着结构功能主义理论家是错的，把制度秩序理解成一个“系统”是远远不到位的。

(53) 这个问题与“意识形态”有关，稍后我们会在限定范围更小的语境中讨论这一概念。

(54) 韦伯多次将不同的群体视作我们这里所说的子意义世界的“承载者”（*Träger*），在他的宗教比较社会学中这一点尤为明显。对这个现象的分析与马克思的“下层结构/上层结构”图式显然也有联系。

(55) 子意义世界之间的多元竞争是关于当代社会的经验知识社会学最重要的 200
问题之一。我们在其他有关宗教社会学的工作中讨论过这一问题，但在本书中没有必要对其展开论述。

(56) 这一命题可以用马克思主义的术语来表示，即在上层结构与下层结构之间存在一种辩证关系——一个直到最近仍被主流马克思主义所忽视的洞见。对于舍勒和曼海姆的知识社会学来说，“社会无涉知识”的可能性都是一个核心问题，但是从我们自己的理论路径的内在逻辑来讲，我们并不会赋予这个问题以如此核心的地位。对于理论性的知识社会学来说，其重点是知识与社会基础之间的辩证关系。像曼海姆关注的“与社会无涉的知识分子”这样的问题，只是知识社会学对于具体历史和经验现象的应用。同我们所感兴趣的问题相比，上述问题都不具有太强的理论性。从另一方面来讲，对于社会科学知识的自主性问题，应在社会科学方法论的背景中来讨论。对于这一领域，我们已经将其排除在我们所定义的知识社会学之外，这么做的理由已在导论部分阐明。

(57) 这是美国社会学中自奥格本（Ogburn）以来常说的“文化堕距”（cultural lag）现象。由于它的进化色彩和隐含的价值判断，我们就回避了这个术语。

(58)“物化”是一个重要的马克思主义概念，它以《早期著作》（*Frühschriften*）

中的人类学思考为代表，后来发展为《资本论》中的“商品拜物教”这一术语。关于马克思主义理论中这一概念的最新发展，可以参见：György Lukács, *Histoire et conscience de classe*, pp. 109 ff.; Lucien Goldmann, *Recherches dialectiques* (Paris, Gallimard, 1959), pp. 64 ff.; Joseph Gabel, *La fausse conscience* (Paris, Editions de Minuit, 1962)，以及 *Formen der Entfremdung*
201 (Frankfurt, Fischer, 1964)。对于这一概念在非纯理论的知识社会学中的应用，可以参见 Peter L. Berger and Stanley Pullberg, “Reification and the Sociological Critique of Consciousness,” *History and Theory* IV: 2, 198 ff., 1965。在马克思主义的框架中，物化这一概念与异化很接近。在近来的社会学著作中，后一概念一直与从失范（*anomie*）到神经官能症（neurosis）等现象相混淆，其原意几乎丧失了。不管怎么样，在这里我们都不宜为异化概念正本清源，因此我们就避免使用它了。

(59) 近年来批判涂尔干主义社会学的法国学者，如儒勒·蒙内洛特（Jules Monnerot）（*Les faits sociaux ne sont pas des choses*, 1946）和阿尔芒·库维利尔（Armand Cuvillier）（“Durkheim et Marx,” *Cahiers internationaux de sociologie*, 1948），都批评涂尔干对社会现实持有一种物化观。换句话说，他们认为，涂尔干的**物性**实际上就是一种物化。不论在涂尔干那里对这个问题是如何解读的，我们都可以在原则上断言“社会事实是物”，并进而推导出作为人类产物的社会事实的客观性。这一问题的理论关键点乃是客体化与物化之间的区别。

(60) 这里可以对比萨特在《辩证理性批判》（*Critique de la raison dialectique*）中提出的“实践惰性”（practico-inert）。

(61) 正是由于这个原因，马克思把物化意识称为**虚假**意识。这一概念与萨特的“自欺”（*mauvaise foi*）有关联。

(62) 列维-布留尔与皮亚杰的著作是理解物种层次和个体层次上原始物化的基

础，也可参见 Claude Lévi-Strauss，*La pensée sauvage*（Paris，Plon，1962）。

(63) 关于“下面”与“上面”之间的平行论，参见 Mircea Eliade，*Cosmos and History*（New York，Harper，1959）。沃格林在前引书中讨论“宇宙文明”时提出过类似的观点。

(64) 关于认同的物化，可以对比萨特对反闪族主义的分析。

(65) 关于去物化的条件，可以参见 Berger and Pullberg 的前引书。

(66)“正当化”一词源自韦伯，特别是他的政治社会学。这里我们在一种更广泛的意义上来使用这一术语。

(67) 有关“解释”的正当化，可以对比帕累托对“派生物”（derivations）的分析。

(68) 马克思和帕累托都意识到了我们所说的“正当化”的自主性（马克思称之为“意识形态”，帕累托称之为“派生物”）。

(69) 我们所说的“象征世界”非常接近涂尔干所说的“宗教”。舒茨对“有限意义域”和它们之间的相互关系的分析以及萨特所说的“总体化”概念，与我们此处的讨论有很紧密的联系。 202

(70)“边缘情境”（*Grenzsituation*）一词是由卡尔·雅斯贝斯（Karl Jaspers）发明的。我们的用法与雅斯贝斯有很大的差别。

(71) 这里的讨论受到涂尔干对“失范”的分析的影响。尽管如此，与社会中的失范过程相比，我们还是对社会中的规范过程更感兴趣。

(72) 舒茨分析过日常生活现实的至尊地位，详见“On Multiple Realities，” *Collected Papers*，Vol. I，pp. 207 ff.。

(73) 在米德对自我起源的分析中已经暗含了主观认同的不稳定性。关于这一分析的发展，可以参见 Anselm Strauss，*Mirrors and Masks*（New York，Free Press of Glencoe，1959）；Erving Goffman，*The Presentation of Self in Everyday Life*（Garden City，N. Y.，Doubleday-Anchor，1959）。

74 在近年对死亡这一最典型的边缘情境所做的哲学分析中,海德格尔的工作最为精致。舒茨的"原始焦虑"(fundamental anxiety)概念指涉的是同一现象。马林诺夫斯基对葬礼所具有的社会功能的分析,亦和这一点有关。

75 存在主义哲学对于"焦虑"(*Angst*)的分析视角使得涂尔干对于失范的分析有可能被放置到一个更宽泛的人类学框架中。

76 参见 Lévi-Strauss 前引书。

77 关于集体记忆,参见 Maurice Halbwachs, *Les cadres sociaux de la mémoire* (Paris, Presses Universitaires de France, 1952)。哈布瓦赫(Halbwachs)也在 *La mémoire collective*(1950)和 *La topographie légendaire des Evangiles en Terre Sainte*(1941)两本书中发展了有关记忆的社会学理论。

78 "祖先"与"后代"的概念源于舒茨。

79 "社会的超越性"这一说法主要来自涂尔干。

80 "投射"最初来自费尔巴哈(Feuerbach),随后由马克思、尼采与弗洛伊德等人继承,不过他们在发展这一概念时方向迥异。

81 可以再次对比韦伯的"承载者"概念。

82 对当代美国文化人类学中的"文化接触"(culture contact)的分析与这里的内容有关。

83 可以对比当代美国文化人类学中所说的"文化冲击"(culture shock)。

84 马克思极为详尽地说明了物质权力与"概念成功"(conceptual success)之间的关系,正如《德意志意识形态》中的名言"统治阶级的思想在每一时代都是占统治地位的思想",参见 *Frühschriften*, Kröner edition, p. 373。

85 帕累托对思想史的书写方式最接近社会学,因此不管人们对他的理论框架持什么保留意见,他对知识社会学都非常重要。参见 Brigitte Berger,

Vilfredo Pareto and the Sociology of Knowledge（unpublished doctoral dissertation, New School for Social Research, 1964）。

㊶ 这像是在重述孔德的"三阶段法则"。我们自然不接受孔德的法则，但是意识的发展确实按照可辨识的历史阶段进行，只是它们与孔德所描述的并不一致。我们自己对于这一问题的观点更接近黑格尔主义/马克思主义对人类思想的历史性的理解。

㊷ 列维-布留尔与皮亚杰都认为神话是思想发展的必经阶段。关于神话/魔法思想的生物学根源，盖伦的讨论颇具启发性，参见 Arnold Gehlen, *Studien zur Anthropologie und Soziologie*（Neuwied/Rhein, Luchterhand, 1963）, pp. 79 ff.。

㊸ 我们在这里对"神话"的理解受到范·德·莱乌（Gerardus van der Leeuw）、伊利亚德（Mircea Eliade）和布尔特曼（Rudolf Bultmann）等人的影响。

㊹ 关于神话意识中社会秩序与宇宙秩序之间的统一性，可以再次对比伊利亚德和沃格林的著作。

㊺ 我们的理论预设已经清楚地表明，我们无法就"知识分子社会学"的问题进行详细讨论。在这个领域中，除了曼海姆的重要著作（以 *Ideology and Utopia* 和 *Essays on the Sociology of Culture* 为代表）外，还可参见：Florian Znaniecki, *The Social Role of the Man of Knowledge*（New York, Columbia University Press, 1940）; Theodor Geiger, *Aufgaben und Stellung der Intelligenz in der Gesellschaft*（Stuttgart, 1949）; Raymond Aron, *L'opium des intellectuels*（Paris, 1955）, George B. de Huszar（ed.）, *The Intellectuals*（New York, Free Press of Glencoe, 1960）。

㊻ 关于加强制度的"惰性"（齐美尔所说的"忠诚"）的终极正当化，可以与涂尔干和帕累托进行对比。

(92) 正是在这一点上，任何对制度的功能主义解释都呈现出最薄弱之处，它们都倾向于去寻找实际上并不存在的实用性。

(93) 关于婆罗门和刹帝利之间的冲突，可以参见韦伯对于印度的宗教社会学描写。

204 (94) 对经验上很难验证的命题进行社会验证，可参见 Leon Festinger, *A Theory of Cognitive Dissonance*（Evanston, Ⅲ., Row, Peterson and Co., 1957）。

(95) “亲和性”（*Wahlverwandschaft*）一词源自舍勒和韦伯。

(96) 关于原始社会和古代社会中对于现实的垄断性定义，可以参考涂尔干和沃格林的看法。

(97) 保罗·雷丁（Paul Radin）指出，即便是在这样的垄断情境中，怀疑主义也有可能存在。

(98) “客居者”（*Gastvölker*）一词源自韦伯。

(99) 关于政治保守力量与宗教垄断（“教会”）之间的亲和性，可以参考韦伯对神权统治的分析。

(100) “意识形态”一词被使用者赋予了太多的不同意义，以至于在追求它的精确意思时会令人绝望。我们决定在较狭义的范围内使用这个词，这么做能让它看着更有用，也比使用一个新词更可取。我们无须讨论这个词在马克思主义和知识社会学的历史中是如何演变的。Kurt Lenk (ed.), *Ideologie* 为此问题提供了有价值的回顾。

(101) 关于基督教与资产阶级意识形态之间的关系，可以参考马克思和凡勃伦（Veblen）。前者对宗教的综述可以参考 *Marx and Engels on Religion*（Moscow, Foreign Languages Publishing House, 1957）。

(102) 参见 Thomas Luckmann, *Das Problem der Religion in der modernen Gesellschaft*（Freiburg, Rombach, 1963）。

(103) 我们所说的“不被需要的专家”与曼海姆所说的知识分子边缘性并没有

太大差异。就一个有社会学意义的"知识分子"概念来讲，我们认为，将这一类型与一般意义上的"知识人"（man of knowledge）清楚地分开是非常重要的。

⑭ 关于知识分子的边缘性，可以参考齐美尔对陌生人的"客观性"的分析，以及凡勃伦对犹太人的知识分子角色的分析。

⑮ 参见 Peter L. Berger, "The Sociological Study of Sectarianism," *Social Research*, Winter 1954, 467 ff.。

⑯ 这里可以对比曼海姆对革命知识分子的分析。这种革命知识分子在俄国有原型，参见 E. Lampert, *Studies in Rebellion*（New York, Praeger, 1957）。

⑰ 关于革命知识分子向维护现状的司正者的转变，在俄国共产主义的发展中能够获得标准的实例。科拉科夫斯基从马克思主义视角出发对这一过程进行了尖锐批判，参见 Leszek Kolakowski, *Der Mensch ohne Alternative*（Munich, 1960）。

第三章　作为主观现实的社会　　205

① 我们的"理解他人"概念源自韦伯和舒茨。

② 我们对社会化和它的两个子类型的定义，与当今社会科学中的用法较为接近。我们只是适当地改变了措辞，以使它们与我们的整个理论构架保持一致。

③ 这里的描述显然在很大程度上借助了米德有关社会化的理论。

④ "中转"（mediation）这一概念来自萨特，不过在他那里缺少一个合适的社会化理论。

⑤ 尽管多种多样的行为主义学习理论都趋向于证实早期学习的情感维度，但是这一点一直都是弗洛伊德的儿童心理学所重点强调的。这里我们并不是要接受这两个心理学流派中的任何一个的理论预设。

⑥ 我们所说的"自我的反身性特点"源自库利（Cooley）和米德。其源头则可以在威廉·詹姆斯（William James）（*Principles of Psychology*）对"社会自我"的分析中找到。

⑦ 尽管无法在这里展开论述，但是已有很多文献表明存在着一种真正的辩证社会心理学。后者对哲学人类学和社会学来说同样重要。这样一种社会心理学（从本质上来说是米德主义取向的，但也有来自其他社会科学思想的重要成分）就不再需要去和弗洛伊德主义或行为主义心理学结成那种站不住脚的同盟了。

⑧ 关于命名，参见 Claude Lévi-Strauss, *La pensée sauvage*, pp. 253 ff.。

⑨ 这里的"概化他人"完全是米德意义上的。

⑩ 齐美尔讨论了同时内在于和外在于社会的人的自我理解，这里可以与之做对比。普莱斯纳的"奇特性"概念也与这个问题有关。

⑪ 可以参考皮亚杰对儿童世界的厚重现实的论述。

⑫ 可以将列维-布留尔的系统发生学的比喻与皮亚杰的婴儿"现实主义"作比较。

⑬ 参见 Philippe Ariès, *Centuries of Childhood*（New York, Knopf, 1962）。

⑭ 在这里可以对比一下文化人类学中对有关青春期的"过渡仪式"的分析。

⑮ "角色距离"一词来自戈夫曼，详见 *Asylums*（Garden City, N. Y., Doubleday-Anchor, 1961）。我们的分析表明，这样的距离只可能与次级社会化所内化的现实相关。如果它扩展到初级社会化所内化的现实中，我们就会进入美国精神病学所说的"精神错乱"这一论域，而这意味着一种认同缺陷。我们的讨论还进一步引出了一个非常有趣的观点，即在运用社会互动的"戈夫曼模型"时是存在一些结构限制的。也就是说，特定的社会结构才使得客体化现实的决定性因素内化于次级社会化过程中。这一点也提醒我们，不应将戈夫曼"模型"（它在分析现代工业社会的重要

特征时非常有用）与"剧场模型"画等号。毕竟，除了当代的组织人所醉心的"印象管理"之外，始终都还有其他的戏剧表演。

⑯ 在这个问题上，以埃弗里特·休斯（Everett Hughes）的工作为代表的职业社会学研究（studies in the sociology of occupations）提供了有趣的材料。

⑰ 参见 Talcott Parsons, *Essays in Sociological Theory, Pure and Applied*（Chicago, Free Press, 1949), pp. 233 ff.。

⑱ Hans H. Gerth and C. Wright Mills 在 *Character and Social Structure*（New York, Harcourt, Brace and Co., 1953）中提出了"亲密他人"（intimate others）的概念，用以描述在一个人的成长阶段参与现实维护的重要他人。我们不太倾向于使用这个词，原因是它与私人领域（*Intimsphäre*）一词非常相似，而后者在德语社会学界被广泛使用且有着相当不同的含义。

⑲ 参考戈夫曼和大卫·理斯曼（David Riesman）对这个问题的看法。

⑳ "初级群体"与"次级群体"的概念来自库利。在这里我们遵循当前美国社会学界的用法。

㉑ 关于"交谈工具"这一概念，参见 Peter L. Berger and Hansfried Kellner, "Marriage and the Construction of Reality," *Diogenes* 46 (1964), 1 ff.。滕布鲁克在前引文中对于沟通网络维持共同现实的作用进行了详细描述。

㉒ 关于通信，参见 Georg Simmel, *Soziologie*, pp. 287 ff.。

㉓ "参照群体"的概念与此处的讨论有关。可以对比默顿（Merton）在 *Social Theory and Social Structure* 中对这个问题所做的分析。

㉔ 参见 Peter L. Berger, *Invitation to Sociology*（Garden City, N. Y., Doubleday-Anchor, 1963), pp. 54 ff.。

㉕ 这个现象正是精神分析学中的"移情"（transference）。当然，使用这一概念的精神分析师所不了解的是，这一现象可以在任何由重要他人所控制的、对重要他人产生认同的再社会化过程中找到，因此对于精神分析

中所出现的那些"洞见"的认知效度,我们是很难评价的。

㉖ 涂尔干在分析宗教所必然带有的社会性时就谈到了这一点。但我们并不用他的"教会"概念来指代宗教的"道德共同体",因为前者仅适用于宗教制度化过程中某个极为特殊的历史个案。

㉗ 戈夫曼在 *Asylums* 中展示了美国群体精神疗法的类似做法。

㉘ 可以再次对比费斯汀格所参与的关于如何避免对于现实的矛盾定义的讨论。

㉙ 参见 Thomas Luckmann and Peter L. Berger, "Social Mobility and Personal Identity," *European Journal of Sociology*, V, 331. ff. (1964)。

㉚ 理斯曼的"他人导向"(other-direction)与默顿的"预期社会化"(anticipatory socialization)与这个问题也有关系。

㉛ 可参见以下文集中的医学社会学论文:Eliot Freidson, Theodor J. Litman and Julius A. Roth in Arnold Rose (ed.), *Human Behavior and Social Processes*。

㉜ 我们的观点表明了在分析内化时引入宏观社会学背景的必要性,也就是说,要在内化发生于其中的社会结构中去理解内化。由于普遍缺失这样的宏观背景,当代美国的社会心理学存在着极大的不足。

㉝ 参见 Gerth and Mills 的前引书。另参见 Tenbruck 的前引书,他在原始社会、传统社会和现代社会的三分法中为人格的社会基础保留了一个突出的地位。

㉞ 这一点具有重要意义,即大多数心理学模型,包括当代的科学心理学在内,其社会—历史适用性均受到很多限制。这进而意味着,社会心理学同时应是历史心理学。

㉟ 参见 Erving Goffman, *Stigma* (Englewood Cliffs, N. J., Prentice-Hall, 1963)。也可参见 A. Kardiner and L. Ovesey, *The Mark of Oppression* (New York, Norton, 1951)。

㊱ 参见 Donald W. Cory, *The Homosexual in America*（New York, Greenberg, 1951）。

㊲ 这里我们再次强调社会结构条件对"戈夫曼模型"的适用性的影响。

㊳ 赫尔穆特·舍尔斯基（Helmut Schelsky）创造了一个有启发性的术语"持久的反身性"（*Dauerreflektion*）来描述当代"世界市场"的心理学特质（"Ist die Dauerreflektion institution-alisierbar?", *Zeitschrift für evangelische Ethik*, 1957）。舍尔斯基的理论背景是盖伦所提出的现代社会中的"主体化"理论，它在卢克曼对当代宗教的社会学研究中得到了进一步的发展，参见 Luckmann 的前引书。

㊴ 参见 Luckmann and Berger 的前引书。

㊵ 我们不建议去谈论"集体认同"这个词，因为这样会导致虚假实体化和物化实体化的危险。20世纪20年代到30年代德国的"黑格尔主义"社会学就为这一危险提供了例证［比如奥特马尔·施潘（Othmar Spann）的作品］。在涂尔干学派和美国文化人类学"文化与人格"（"culture and personality"）学派的著作中，也多多少少存在着这种危险。

㊶ 这里显然蕴含了对弗洛伊德学派的"现实原则"（"reality principle"）的一种社会学批判。

㊷ 参见 Peter L. Berger, "Towards a Sociological Understanding of Psychoanalysis," *Social Research*, Spring, 1965, 26 ff.。

㊸ 参见上文。

㊹ 这里所讨论的自然与社会之间的辩证法，与恩格斯及后期马克思主义论述的"自然辩证法"完全不是一回事。前者强调人与自己的身体（包括与世界）的关系在本质上仍然是专属于人的。与之相反，后者把具体的人类现象投射到非人的自然中，在理论上将人非人化，将其视为自然力量或自然规律的产物。

㊺ 关于身体社会学（sociosomatics）这门学科的可能性，参见：Georg Simmel, *op. cit.*, pp. 483 ff.（the essay on the "sociology of the senses"）；Marcel Mauss, *Sociologie et anthropologie*（Paris, Presses Universitaires de France, 1950）, pp. 365 ff.（the essay on the "techniques of the body"）；Edward T. Hall, *The Silent Language*（Garden City, N. Y., Doubleday, 1959）。对性所进行的社会学分析会为这门学科提供最丰富的经验材料。

㊻ 这可以在弗洛伊德的社会化概念中得到很好的理解。但是人们对弗洛伊德的功能主义应用（从马林诺夫斯基开始）反而弱化了这一理解。

㊼ 不妨参照柏格森（Henri Bergson）（特别是他的绵延理论）、梅洛-庞蒂（Maurice Merleau-Ponty）、舒茨和皮亚杰的看法。

㊽ 可以参照涂尔干、普莱斯纳以及弗洛伊德的看法。

主题索引

（以下所标页码为英文原书页码，即本书边码）

Abnormality, 变态, 168
Activity, 活动, 6, 18, 181-182
Affective charge, 情感注入, 145
Alienation, 异化, 6, 201
Alternation, 更替, 157-161, 170 ff.
Angst, 焦虑, 202
Anomic terror, 失范恐惧, 103
Anonymity, 匿名性, 31-34, 39, 68, 142
"Anticipatory socialization," "预期社会化", 207
"Anxiety," "焦虑", 202
Apologetics, 护教学, 115
"Appresent," "共现", 28, 29, 44, 172

Archaic civilizations, 古代文明, 80, 121
"Art of mistrust," "怀疑的艺术", 7
"Authority," "权威", 154

Background, common, 共享背景, 57
"Base-world," "基础世界", 138
Biography, individual, 个人的生命, 60, 64 ff., 68 ff., 82 ff., 127
Biology, 生物学, 17, 48-52, 181
Biological equipment, 生物机能, 47
Biological constitution, 生物构造, 47-48
Body, the, 身体, 36, 134
Brain, the, 脑, 175

"Carriers,""承载者", 120 ff., 138
Casualness, 随意性, 153
Chaos, 混乱, 103
Christian Science, 基督教科学, 86
Civilized societies, 文明社会, 102
"Collective identities,""集体认同", 174
"Common language,""共同语言", 154
Commonsense, 常识, 19-20 ff., 179
Competition, 竞争, 117 ff.
Conceptualization, 概念化, 107-115 ff.
Consciousness, 意识, 20-21 ff., 67 ff., 73, 78, 83
Contemporaries, 同代人, 32, 33
Control, social, 社会控制, 55-56, 62, 181-182
Conversation, 谈话, 152-154, 159
Correspondence, 通信, 写信, 30, 154
Cosmology, 宇宙论, 175
Cousinhood, 旁系亲属, 95-108
Crises, 危机, 149-150
Crisis maintenance, 危机维护, 149
"Cultural lag,""文化堕距", 200
"Culture contact,""文化接触", 202
"Culture shock,"" 文化冲击", 202
"Cure of souls,""治愈灵魂", 113

Dasein, 此在, 8

Dauerreflektion, 持久的反身性, 208
Death, 死亡, 148-149, 156, 183
Demonic possession, 恶魔附体, 着魔, 113, 175, 177, 178, 179
Despotism, 独裁, 44-45
"Detachability,""可分离性", 36
Dereification, 去物化, 90
Deviance, 越轨, 偏常, 偏离, 62, 66, 98, 107 ff., 119-128
Diagnosis, 诊断, 113
Dialectic, 辩证法, 辩证关系 61, 128, 129, 132 ff., 151, 174 ff., 186 ff.
"Dialectic of nature,""自然辩证法", 208
"Disorientation,""迷失", 28
Divine kingship, 君权神授, 103
Division of labor, 劳动分工, 57, 66, 77, 81, 117, 164
Doubt, suspension of, 悬置质疑, 23
Drama, 戏剧, 75
Dreams, 梦, 23, 25, 26, 40, 150, 171
Drives, 内驱力, 48, 52, 53, 181

Economic surplus, 经济剩余, 81, 85-86, 117

Embody, 具身, 75, 116, 149, 158
"Emigrating," "移民", 113
Emotions, 情感, 131 ff., 165, 178
Entfremdung, 异化, 201
Environment, 环境, 47 ff.
Epistemology, 认识论, 13-14
Everyday life, 日常生活, 19-46, 112
Exorcisms, 驱邪, 驱逐, 113, 156
Externalization, 外化, 51, 60-61, 104, 129
"*Extrauterine Frühjahr*," "宫外成长期", 195

Face-to-face situations, 面对面情境, 31-34 ff., 153
"False consciousness," "虚假意识", 6, 7, 9
Familiarity, 熟悉度, 43
Families, 家庭, 147, 170
Fantasies, 幻想, 96, 100, 171
Fetishes, fetishism, 神物, 拜物, 71, 139
Finite provinces of meaning, 有限意义域, 25
First world, the, 首属世界, 135 ff.
Folk tales, 民间故事, 94
"Freedom of the will," "自由意志", 2

Freischwebende Intelligenz, "与社会无涉的知识分子", 10
"Functional integration," "功能整合", 199
Functionality, 功能, 71

Generalized other, the, 概化他人, 133-134, 137
Genealogies, 谱系, 5, 191
Gods, 上帝, 90, 167

Habitualization, 惯例化, 53 ff., 74, 93, 117
"Here and now," "此地此时", 22, 36, 37
Heresy, heretics, 异端, 122, 126, 156
Hierarchy, 层次, 等级, 100, 102
History, historicity, 历史, 历史性, 4 ff., 28, 173, 179 ff., 186 ff.
Homosexuality, 同性恋, 63, 78, 113-116
Human nature, 人性, 49 ff.
Human biology, 人类生物学, 17
Humanistic discipline, 人文主义学科, 189

"Ideal factors,""理念因素",8
Idealfaktoren,理念因素,8
Identity, identification,认同,身份,67,130 ff.,186
Ideology,意识形态,6,9-10,12,14,123-125,127,180
Idiosyncrasies,个性,个人,106,131,167-168
Incest,乱伦,55,93-94,97
Individualism,个人主义,171
Individualization,个体化,32
Industrial Revolution,工业革命,123,179
Industrial societies,工业社会,86,125,173
Inertia,惰性,117
"Insight,""洞察力",114
Instincts,本能,47,48,53
Instinctual component,本能构件,48
Instinctual organization,本能组织,47
Institutionalization,制度化,47-91,185
Institutionalized programs,制度化规程,135
Integration,整合,24,39,64,65,76,82,84
Intellectuals,知识分子,125-126,127,177 ff.
Internalization,内化,61,114,129-173 ff.
Intersujectivity,主体间性,23,27
Intimacy,亲密,33,41
Kinship,亲属关系,72,94-95 ff.,105
"Knowledge,""知识",1 ff.
Labor,劳动,6,58
Language,语言,22,26,34-46,64,75,185
"Latent" functions,"潜功能",11
Law, the,法律,75-76,77,181
"Law of the three stages,""三阶段法则",203
"Leaping,""跃迁",26
Lebenwelt,生活世界,16
Legitimation,正当化,61,65,69 ff.,84-85,92-128,174 ff.,185 ff.
Legitimator,司正者,71,95,97,127,204
Life expectancy,预期寿命,181
Machineries of universe-maintenance,世界维护装置,105
Macroscopic societies,大社会,81

"Making present," "在场化", 39-40

"Manifest" functions, "显功能", 11

Man in the street, the, 普通人, 1 ff., 90

Manipulation, 操控, 22, 26, 39

Marginal situations, 边缘情境, 96, 98, 100-101, 148, 149, 156

"Market of worlds," "世界市场", 208

Mediate, 中转, 48, 50, 131

Mediators, 中转者, 76-78

Medieval society, 中世纪社会, 112, 122

Mental deficiency, 精神缺陷, 165

Methodology, 方法论, 14

Monarchs, 君主, 76

Monopolism, 垄断传统, 121-123

Motivations, 动机, 160

Mythology, 神话, 神话学, 83-84, 100, 105, 108, 110-112, 175

Neo-positivist approach, 新实证主义, 12

Neurosis, 神经官能症, 177, 178, 179

New generation, 下一代, 59, 61, 93, 106

Nihilation, 虚无, 112, 126, 156, 160

Nomenclature, 命名, 132

Norms, 规范, 132-133

Nudity, 裸体, 148

Objectivation, 客体化, 20, 35 ff., 60 ff.

Objective reality, 客观现实, 47-128, 133, 163, 164

Occupations, 职业, 41, 161, 162

Ontogenetic development, 个体发育, 48

Organism, 有机体, 47-52, 180-183

Orgasm, 性高潮, 182

"Other-direction," "他人导向", 207

Outsiders, 圈外人, 87

Pan-ideologism, 泛意识形态论, 10

Paramount reality, 至尊现实, 21, 25 ff., 98 ff.

Paternity, 父辈, 58

"Pathology," "疾病", 164, 181

Peer groups, 同辈群体, 170

"Permanent reflectiveness," "持久的反身性", 208

Personality development, 人格发展, 99

Plausibility structures, 可信结构, 154 ff.

Phenomenological analysis, 现象学分析, 20

Pluralistic societies, 多元社会, 127,

145-146, 152, 173
Phylogenetically, 物种发生学, 90
Power, 权力, 109, 115, 119, 121 ff.
"Practico-inert," "实践惰性", 201
Pragmatism, 实用主义, 38, 42, 119 ff.
Predecessors, 先人, 33-34
Prestige, 权威, 威望, 87, 141
Primary socialization, 初级社会化, 129-137 ff., 146 ff., 179, 182
Primitive societies, 原始社会, 80, 99, 102, 121
"Projection," "投射", 202
Propaganda, 宣传, 82, 87
Pseudo-pragmatism, 伪实用主义, 119
Psychiatry, 精神病学, 100, 175
Psychoanalysis, 精神分析, 188
"Psychopathy," "精神错乱", 206
Psychotherapy, 心理治疗, 158

"Real factors," "现实因素", 8
Realfaktoren, 现实因素, 8
"Reality," "现实", 1 ff.
"Reality-oriented," "面对现实", 175
"Reality principle," "现实原则", 208
"Reality-slipping," "现实滑动", 146
"Reality sui generis," "自成一类的现实", 18

Reciprocal typification, 交互类型化, 54 ff.
Recipe knowledge, 处方知识, 42, 65-66
Recollection, 记忆, 回忆, 67, 93, 155
Reference-group theory, 参照群体理论, 11
Reflective integration, 反身性整合, 96
Reification, 物化, 89-92, 186, 187
"Relationism," "关系主义", 10
"Relative-natural world view," "相对化的自然世界观", 8
"Relativism," "相对主义", 10, 16
Relativnatürliche Weltanschauung, 相对化的自然世界观, 8
Relevances Structure, 关联结构, 45-46, 57-58, 63, 77, 78, 80, 82
Religion, 宗教, 23, 25, 71, 76, 145, 149, 160, 185
"Reorientation," "重新定向", 28
"Resentment," "怨恨", 7
Re-socialization, 再社会化, 157 ff.
Revolution, 革命, 127-128, 144, 145
Rites of passage, 过渡仪式, 99
Rituals, 仪式, 138-139, 140, 156
Role analysis, 角色分析, 79
Roles, 角色, 56 ff., 65, 72-79 ff., 92 ff., 173

Routines, 日常, 24, 42, 149-156
Routine maintenance, 例行维护, 149
Routinization, 例行化, 70

Sanctions, 制约, 制裁, 62, 155
Science, 科学, 40, 86, 88, 95, 96, 112, 174 ff.
"Seat in life,""生活处境", 7
Secondary socialization, 次级社会化, 138-147 ff., 171-172, 179, 182
Secret societies, 秘密社会, 85
Sects, religions, 教派, 126-127
Sedimentation, 沉积, 67-72
Segmentation, 分隔化, 82, 84-85 ff.
Segregation, 离散, 隔离, 85 ff., 122, 158
Seinsgebundenheit, 存在决定论, 4
Self, the, 自我, 50-51, 56, 72-73
Semantic zones of meaning, 意义的语义场, 41
Sexuality, sex, 性, 49, 55-56, 58, 63, 64, 77, 83-84, 113 ff., 181
Significant others, 重要他人, 131 ff., 149-152, 159
Signification, 符号化, 35, 95, 130
Signs, sign systems, 符号, 符号系统, 35 ff., 41, 67-68 ff.

"Situational determination,""情境决定", 7
Sitz im Leben, 生活处境, 7
Social classes, 社会阶层, 社会阶级, 102, 120 ff., 131, 137, 138, 161, 162, 164 ff., 181
Socialization, 社会化, 129-163 ff.
Social molding, 社会锻造, 182
"Socially unattached intelligentsia," "与社会无涉的知识分子", 10
Social sciences, 社会科学, 13, 84, 86-87, 186 ff.
Sociology, 社会学, 185 ff.
"Sociology of knowledge,""知识社会学", 3 ff.
"Sociosomatics,""身体社会学", 208
Solidarity, 团结, 124
Solitariness, 孤立, 51 ff.
Sosein, 本在, 8
Spatial structure of life, 生命的空间结构, 26
Specialists and specialization, 专家和专业化, 77 ff., 95, 110 ff.
Species, 物种, 47
Species-specific environment, 种属特异环境, 47
Standortsgebundenheit, 情境决定, 7

主题索引 | 267

Stigmatization, 污名化, 165–167
Stock of knowledge, 知识库, 41–46, 117, 137
Stream of consciousness, 意识流, 26
Structural-functional theory, 结构功能主义, 11
Subjective reality, 主观现实, 129–183
Subsocieties, 亚社会, 126, 127
"Substructure/superstructure," "下层结构/上层结构", 6–7, 8, 200
Subuniverses, 子世界, 86–88
Subworlds, 子世界, 138
Successors, 后人, 33
Symbolic-interactionist school, 象征互动学派, 17
Symbolic universes, 象征世界, 92–128, 139, 174, 186
Symbols, symbolism, 象征, 40, 71, 75, 76, 87

Taboos, 禁忌, 156
"Tacit understandings," "默会理解", 138
"Taking over", "承袭", 130
Temporality (and time), 时间性, 时间, 26, 27–28, 129, 175–176, 182

Territoriality, 领地, 58
Terror, 恐惧, 101, 103
Theology, 神学, 110 ff.
Theories, theorizing, 理论, 24, 25, 26, 65, 81, 87, 94 ff., 186
Therapy, 治疗, 112–115, 126, 159, 169, 176
"Total social fact," "总体性社会事实", 187
Tradition, 传统, 67–72, 93, 107, 110, 117–118 ff.
Traditionalism, 传统主义, 117
Transcendence, 跨越, 39–40
Transformations, 转变, 156–163
Transition, 切换, 21 ff.
Transpose, 转置, 40, 103
Trivialization, 琐碎化, 70
Types, typifications, 类型, 类型化, 30–34, 39, 43, 63, 69, 70, 102, 121 ff.
Typificatory schemes, 类型化图式, 30 ff., 43

"Understanding," "理解", 130
Universal experts, 全能专家, 117 ff.
Universes, 宇宙, 世界, 92–128
Unterbau/Ueberbau, 下层结构/上层

结构，6，8，191

Urban societies，城市社会，125

"Utopian" thought，乌托邦思想，10

"Values，""价值"，93，94

Verdinglichung，物化，198

Virility，男子气概，113

Voudun psychology，伏都心理学，177

Weltanschauung，世界观，8，15，86，99，101

Western civilization，西方文明，136

Wissenssoziologie，知识社会学，4

World-openness，世界的开放性，47，49，51，104

World views，世界观，79

人名索引[1]

（以下所标页码为英文原书页码，即本书边码）

Antoni, Carlo, 卡洛·安东尼, 192 （注9）

Ariès, Philippe, 菲利浦·阿利埃斯, 205（注13）

Aron, Raymond, 雷蒙·阿隆, 192（注11, 注12）, 203（注90）

Barth, Hans, 汉斯·巴斯, 191（注3）

Bell, Daniel, 丹尼尔·贝尔, 193（注20）

Benedict, Ruth, 鲁思·本尼迪克特, 196（注8）

Berger, Brigitte, 布里吉特·伯格, 203（注85）

Berger, Peter L., 彼得·伯格, 195（注1）, 197（注26）, 200（注58）, 201（注65）, 204（注105）, 206（注21, 注24, 注29）, 208（注39, 注42）

Bergson, Henri, 亨利·柏格森, 208（注47）

Birnbaum, Norman, 诺曼·伯恩鲍姆,

---

[1] "人名索引"中的人名大部分出现在本书的"注释"部分，并无译文，此处的译名仅作为参考。

193（注 20）

Bultmann, Rudolf, 鲁道夫·布尔特曼, 203（注 88）

Buytendijk, F. J. J., 弗里德里克·拜登代克, 195（注 1）

Calvez, Jean-Yves, 让－伊夫·卡尔维, 191（注 6）

Cooley, Charles Horton, 查尔斯·霍顿·库利, 205（注 6）, 206（注 20）

Cory, Donald W., 唐纳德·克里, 207（注 36）

Cuvillier, Armand, 阿尔芒·库维利尔, 201（注 59）

DeGré, Gerard L., 吉拉德·德格雷, 193（注 24）

Dilthey, Wilhelm, 威廉·狄尔泰, 7, 10, 192（注 9）

Durkheim, Emile, 埃米尔·涂尔干, 6, 17, 18, 194（注 27）, 196（注 13, 注 15）, 197（注 23, 注 24, 注 27）, 198（注 36, 注 38, 注 39, 注 40）, 199（注 44, 注 46）, 201（注 59, 注 69）, 202（注 71, 注 75, 注 79）, 203（注 91）, 204（注 96）, 207（注 26）, 208（注 48）

Eliade, Mircea, 米尔恰·伊利亚德, 201（注 63）, 203（注 88, 注 89）

Engels, Friedrich, 弗里德里希·恩格斯, 208（注 44）

Festinger, Leon, 利昂·费斯汀格, 204（注 94）, 207（注 28）

Fetscher, Iring, 伊林·费切尔, 191（注 6）

Feuerbach, Ludwig, 路德维希·费尔巴哈, 202（注 80）

Freidson, Eliot, 艾略特·弗雷德森, 207（注 31）

Freud, Sigmund, 西格蒙德·弗洛伊德, 196（注 7, 注 9）, 202（注 80）, 208（注 46, 注 48）

Freyer, Hans, 汉斯·弗莱尔, 192（注 11）

Gabel, Joseph, 约瑟夫·加贝尔, 200（注 58）

Gehlen, Arnold, 阿诺德·盖伦, 17, 195（注 1, 注 3）, 197（注 16,

注 18，注 19，注 22），199（注 50，注 51），203（注 87），208（注 38）

Geiger, Theodor, 西奥多·盖格尔, 12, 193（注 18），203（注 90）

Gerth, Hans H., 汉斯·格斯, 206（注 18），207（注 33）

Goffman, Erving, 欧文·戈夫曼, 202（注 73），205（注 15），206（注 19），207（注 27, 注 35）

Goldmann, Lucien, 吕西安·戈德曼, 200（注 58）

Grünwald, Ernst, 恩斯特·格伦沃尔德, 192（注 11）

Gurvitch, Georges, 乔治·古尔维奇, 193（注 24）

Halbwachs, Maurice, 莫里斯·哈布瓦赫, 202（注 77）

Hall, Edward T., 爱德华·霍尔, 208（注 45）

Hegel, Georg Wilhelm Friedrich, 格奥尔格·威廉·弗里德里希·黑格尔, 197（注 15），198（注 33）

Heidegger, Martin, 马丁·海德格尔, 202（注 74）

Heimsoeth, Heinz, 海因茨·海姆塞特, 191（注 2）

Hughes, Everett, 埃弗里特·休斯, 206（注 16）

Hughes, H. Stuart, 斯图亚特·休斯, 192（注 9）

Hunter, Edward, 爱德华·亨特, 207（注 27）

Husserl, Edmund, 埃德蒙德·胡塞尔, 198（注 34, 注 35）

Huszar, George B. de, 乔治·胡萨尔, 203（注 90）

Kardiner, A., 阿布拉姆·卡丁纳, 207（注 35）

Kaufmann, Walter A., 沃尔特·考夫曼, 191（注 7）

Kautsky, Karl, 卡尔·考茨基, 191（注 6）

Kellner, Hansfried, 汉斯弗莱德·凯尔纳, 195（注 1），197（注 26），206（注 21）

Kelsen, Hans, 汉斯·凯尔森, 193（注 19）

Kluckhohn, Clyde, 克莱德·克拉克洪, 196（注 8）

Kolakowski, Leszek, 莱谢克·科拉科夫斯基, 204（注 107）

人名索引 | 273

Labriola, Antonio, 安东尼奥·拉布里奥拉, 191（注 6）

Lampert, Evgenil, 艾夫根尼·兰伯特, 204（注 106）

Landshut, Siegfried, 齐格弗里德·兰茨胡特, 192（注 11）

Lapassade, Georges, 乔治·拉帕萨德, 194（注 25）

Leeuw, Gerardus van der, 范·德·莱乌, 203（注 88）

Lenk, Kurt, 库尔特·伦克, 191（注 3）, 193（注 20）, 204（注 100）

Lévi-Strauss, Claude, 克洛德·列维－斯特劳斯, 198（注 31）, 201（注 62）, 202（注 76）, 205（注 8）

Lévy-Bruhl, Lucien, 吕西安·列维－布留尔, 199（注 44）, 201（注 62）, 203（注 87）, 205（注 12）

Lieber, Hans-Joachim, 汉斯－约阿希姆·利贝尔, 192（注 10, 注 12, 注 13）

Litman, Theodor J., 西奥多·利特曼, 207（注 31）

Löwith, Karl, 卡尔·洛维特, 191（注 7）

Luckmann, Thomas, 托马斯·卢克曼, 194（注 1）, 204（注 102）, 207（注 29）, 208（注 38, 注 39）

Lukács, György, 格奥尔格·卢卡奇, 191（注 6）, 200（注 58）

Malinowski, Bronislaw, 布洛尼斯拉夫·马林诺夫斯基, 196（注 8）, 202（注 74）

Mannheim, Karl, 卡尔·曼海姆, 9－12, 14, 192（注 12）, 200（注 56）, 203（注 90）, 204 注（103, 注 106）

Maquet, Jacques J., 雅克·马奎特, 192（注 12）

Marx, Karl, 卡尔·马克思, 5－6, 8, 9, 17, 191（注 5, 注 6）, 196（注 7, 注 12）, 197（注 15）, 198（注 29）, 199（注 46, 注 48）, 200（注 54, 注 56, 注 58）, 201（注 61, 注 68）, 202（注 80, 注 84）, 204（注 101）, 208（注 44）

Mauss, Marcel, 马塞尔·莫斯, 208（注 45）

Mead, George Herbert, 乔治·赫伯特·米德, 17, 195（注 6）, 196（注 10）, 197（注 22）, 198（注

36，注 37），202（注 73），205
（注 3，注 6）

Mead, Margaret, 玛格丽特·米德,
196（注 8）

Merleau-Ponty, Maurice, 莫里斯·梅
洛-庞蒂, 208（注 47）

Merton, Robert, 罗伯特·默顿, 11,
192（注 12），193（注 14，注
24），206（注 23），207（注 30）

Mills, C. Wight, C. 赖特·米尔斯,
11，193（注 17），206（注 18），
207（注 33）

Monnerot, Jules, 儒勒·蒙内洛特,
201（注 59）

Murdock, George, 乔治·默多克, 196
（注 8）

Natanson, Maurice, 莫里斯·纳坦森,
195（注 1，注 6）

Nietzsche, Friedrich Wilhelm, 弗里德
里希·威廉·尼采, 7, 191（注
7），192（注 8），202（注 80）

Ovesey, L., 里奥·奥维西, 207（注
35）

Pareto, Vilfredo, 维弗雷多·帕累托,

6, 196（注 7），198（注 30），
201（注 67，注 68），203（注
85，注 91）

Parsons, Talcott, 塔尔科特·帕森斯,
11，17，193（注 15，注 16），194
（注 26），199（注 45，注 46），
206（注 17）

Pascal, Blaise, 布莱兹·帕斯卡, 5

Piaget, Jean, 让·皮亚杰, 197（注
25），201（注 62），203（注
87），205（注 11，注 12），208
（注 47）

Plessner, Helmuth, 赫尔穆特·普莱斯
纳, 17，195（注 1，注 3），196（注
11），205（注 10），208（注 48）

Popitz, Heinrich, 海因里希·鲍比茨,
197（注 21）

Portmann, Adolf, 阿道夫·波特曼,
195（注 1，注 4，注 5）

Pullberg, Stanley, 斯坦利·普尔伯
格, 200（注 58），201（注 65）

Radin, Paul, 保罗·雷丁, 204（注 97）

Riesman, David, 大卫·理斯曼, 206
（注 19），207（注 30）

Rose, Arnold, 阿诺德·罗斯, 193
（注 25），207（注 31）

人名索引 | 275

Roth, Julius A., 朱利叶斯·罗斯, 207（注31）

Salomon, Albert, 阿尔伯特·萨洛曼, 191（注3）

Sartre, Jean-Paul, 让-保罗·萨特, 196（注12），198（注42），201（注60，注61，注64），202（注69），205（注4）

Scheler, Max, 马克斯·舍勒, 4, 7, 8-9, 10-11, 14, 191（注1），192（注10），196（注11），204（注95）

Schelsky, Helmut, 赫尔穆特·舍尔斯基, 208（注38）

Schelting, Alexander von, 亚历山大·冯·谢尔廷, 192（注11）

Schutz, Alfred, 阿尔弗雷德·舒茨, 16-17, 193（注22，注23），194（注1），197（注17），198（注32，注34，注35，注41），201（注69），202（注72，注74，注78），205（注1），208（注47）

Seidel, Alfred, 阿尔弗雷德·赛德尔, 192（注8）

Shibutani, Tamotsu, 涩谷保, 193（注25）

Simmel, Georg, 格奥尔格·齐美尔, 197（注23），199（注49），204（注104），205（注10），206（注22），208（注45）

Sorokin, Pitirim, 皮季里姆·索罗金, 11

Spann, Othmar, 奥特马尔·施潘, 208（注40）

Stark, Werner, 沃纳·斯塔克, 12-13, 191（注3），192（注10，注12），193（注21）

Strauss, Anselm, 安塞尔姆·斯特劳斯, 195（注6），202（注73）

Tenbruck, Friedrich, 弗里德里希·滕布鲁克, 194（注25），197（注21），198（注30），206（注21），207（注33）

Thomas, W. I., 威廉·托马斯, 197（注20）

Tönnies, Ferdinand, 费迪南德·滕尼斯, 199（注46）

Topitsch, Ernst, 恩斯特·托皮奇, 12, 193（注19）

Uexküll, Jakob von, 雅各布·冯·于克斯屈尔, 195（注1，注2）

Veblen, Thorstein, 索尔斯坦·凡勃伦, 204（注101, 注104）

Voegelin, Eric, 埃里克·沃格林, 199（注45）, 201（注63）, 203（注89）, 204（注96）

Weber, Max, 马克斯·韦伯, 6, 10, 17, 18, 192（注11）, 194（注28）, 197（注27）, 199（注46）, 200（注54）, 201（注66）, 202（注81）, 203（注93）, 204（注95, 注98, 注99）, 205（注1）

Windelband, Wilhelm, 威廉·文德尔班, 191（注2）

Wolff, Kurt, 库尔特·沃尔夫, 192（注12）

Znaniecki, Florian, 弗洛里安·兹纳涅茨基, 203（注90）

译 后 记

吴肃然[①]

《现实的社会建构：知识社会学论纲》一书是彼得·L.伯格和托马斯·卢克曼两人学术生涯中最重要的作品，其影响力远远超出了理论社会学自身的领域，吹响了20世纪后半期西方思想界的"社会建构主义"的号角。

本书关注的焦点问题是"社会与人的关系"。有一定教育基础和社会阅历的人大都懂得这样的道理：一方面，社会对人有强制、有约束；另一方面，人又可以通过自己的行动来改变社会。那么，这两个方面是不是有矛盾呢？有没有可能找到一种理论思路，为两方面的道理和现象提供一套有说服力的统一解释呢？这正是困扰着许多社会学家的理论社会学的核心问题。

本书作者从知识社会学的角度回答了上述问题。知识社会学

[①] 吴肃然，社会学博士，毕业于北京大学社会学系，剑桥大学社会学系访问学者。现任哈尔滨工程大学人文社会科学学院社会学系教授，研究方向为社会科学哲学、知识社会学。

由德国人舍勒和曼海姆开创,这一学术潮流旨在剖析人类知识与社会地位/社会结构等因素之间的联系,中国人很熟悉的"意识形态"一词就是知识社会学的重要概念。在伯格和卢克曼之前,知识社会学家所关注和分析的"知识"都是"理论思想",然而二人认为,这种做法是不恰当的,至少是不充分的。其理由是,"理论思想"与社会中大多数人的生活以及他们所使用的"知识"是不太相干的,即便"理论思想"与普通人的生活有联系,这种联系也是间接的、模糊的,它无法解释普通人在日常生活中调用知识时所表现出的确定态度。于是,作为阿尔弗雷德·舒茨的学生,伯格和卢克曼就使用现象学社会学的概念改造了知识社会学,将知识社会学的分析对象从高高在上的"理论思想"拉回到日常生活知识,并以此展开了对"社会与人的关系"这一理论议题的探讨。

正文的探讨从一个假想的两人互动情境开始。在两个人面对面的互动中,双方不断地相互观察和理解,逐渐形成稳定的互动模式,这时所谓的"制度"就萌芽了。对两人来说,这套制度是内在的、透明的,但是,当制度被传递给后人时,它就会变成外在的习俗和传统。此时制度便获得了客观性,不仅后人会把它当成客观现实,最初的两人也会受到影响,于是其自身活动的产品就实现了"外化"。

在"外化"的制度形成后,会出现两种问题:(1)制度会遭遇质疑和挑战;(2)不同领域的制度是互相分离的,它们之间有可能出现矛盾。要解决这两个问题，就需要知识的参与。知识既能克服对制度的质疑和挑战，又能把分离的制度整合起来，这种解决问题的机制就叫"正当化"。正当化兼具认知和规范的要素，甚至更偏重前者。它具体可分为四个层级：最基础的正当化是语言，比如儿童在学习了"祖父"和"外祖父"这两个不同的称呼后，男权主导的亲属关系制度就变得更加牢固了；较高一个层级的正当化由谚语、道德准则和名人名言等雏形理论构成，比如"兄弟如手足，妻子如衣服"；再高一个层级的正当化由明晰的理论构成，这些理论针对的是某个独立的制度领域，比如用来解释和规范宗族制度的宗族理论；最高层级的正当化是"象征世界"，所有的制度以及人们所有的生命体验都被整合到这个世界中，一切实际事物、行为和制度在这个世界中找到自己所对应的位置后，方能获得意义。我们所熟知的一些宗教思想和政治思想，都曾勾画出这样的世界。

当然，象征世界也会遭遇危机。当象征世界传递到下一代时，或者不同版本的象征世界相遇时，危机都可能出现，因此象征世界就需要有它的维护装置。神话、神学、哲学和科学都曾提供了世界维护装置，在宗教异端、文明冲突和左右之争等象征世界的碰撞和危机出现时，这些维护装置就会启动。而常见的维护方法有两种：治疗和虚无。前者强化原有象征世界的意义，试图把人留下来；后者则会对原有象征世界之外的所有事物进行概念清扫，它试图让人认识到，那些陌生的东西，不是虚幻的，就是邪恶的。

在上述过程完成后，作为客观现实的社会就形成了，但任何人都并非天生的社会成员，只有通过社会化，人们才能将客观现实予以"内化"。初级社会化是个体首先需要经历的，对儿童来说，父母或其他养育自己的人是社会化过程中的"重要他人"，在高度情感投入的基础上，儿童从重要他人那里获得了身份、态度、规范乃至整个象征世界。当儿童不再以"我如何如何"而是以"一个人如何如何"来理解和约束自己的时候，他就产生了对"概化他人"的认同，也就意味着认同了社会，完成了对客观现实的内化。

初级社会化完成后，人们还需要通过次级社会化来获取制度子世界当中的角色专属知识，同时内化这些子世界背后的现实。同初级社会化相比，次级社会化常常更加形式化和匿名化，因此它所内化的现实就显得较为脆弱。此时就需要一些"强化技术"，现代企业中那些与组织业务毫无关联的仪式或培训，其目的常常就在于此。

个人所内化的现实并不是永远稳固的，它有可能发生转变，那些非常剧烈的转变就被称为"更替"。更替意味着个人切换了现实，这种切换的过程就是"再社会化"，宗教皈依便是典型的例子。再社会化需要彻底瓦解个体从前所内化的现实，故而会牵扯到复杂的社会条件和知识条件，前述用来维护象征世界的装置在此时就可以发挥反向的重要作用了。

一定的社会结构是完成内化的必要条件。一个人完全有可能为自己臆想出一种现实，但是，如果缺乏他人的确认，这种现实就不可能被客观化。一些宗教改革者、革命者或理论家为之奋斗的事业，就是要建立能够将自己的主观现实转化为客观现实的社会基础。

本书的核心观点是：社会是由外化、客体化和内化三个步骤所组成的辩证过程。外化将人类的主观意义变成了符号和制度等非人产品，客体化使这些产品具有了坚实的客观性，而内化又使它们回到了人们的主观意义中。需要强调的是，这三个步骤是同时发生的，一些哲学家和社会学家致力于寻找主观与客观之间的单向因果性，这种做法就陷入了误区。另外，如果在面对社会现实时彻底忘记了它本来的人造特性，那么人们就会堕入"物化"的陷阱。在伯格和卢克曼的眼中，**社会是人的产物，社会是客观现实，人是社会的产物**，这种辩证关系需要为社会学家所认识。

假使上述观点成立，那么实证主义社会学的局限性就会暴露。只要社会与人之间的辩证关系正常运转，一个社会中的客观现实与主观现实就必然是大体一致的，要在主导理论的框架下寻找该理论所能演绎出的事实，完全不是难事。文化社会学和历史社会学已经提供了很多例证：尽管不同时代的风尚迥异，但各时代的人对自己所处时代的风尚都是趋之若鹜的。换言之，如果在非历史的视野下，带着物化思维来校验某个关于具体风尚的正当化理论，那么不管研究者采用的是行为测量、态度测量甚或是生理或神经测量，他都必然要落入现实的辩证法中，从而对自己所发现的"理论"与"经验"之间的一致性进行不恰当的解读。从这个意义上说,实证主义社会科学天生就带有一种保守主义的特质。

总的来说,尽管主客辩证法对基础主义的消解使得书中的一些论述蒙上了浓重的相对主义色彩,但是,伯格和卢克曼对"社会与人的关系"这一根本问题所做的重新解读,实际上为社会学理论的事业注入了积极而非消极的基因。笼统来讲,他们为社会学理论赋予了新的任务,为理论的真理性提出了新的判据:社会学理论不应当被经验证据和研究范式过度限定,在它的成分中,理应包含社会学家对人类命运的宣示和引导。这种理论的解放性恰恰基于人的解放性,而这正是两位作者将社会学归入"人文主义学科"的根本原因。

本书的翻译得到了很多人的帮助。北京大学出版社的周丽锦女士提供了非常尽责且高水平的编辑工作,这既为译者分担了压力,也给译者增添了压力;华中师范大学的李钧鹏教授和浙江财经大学的张文杰博士先后提供了细致的校对和审阅,钧鹏对英文词句的精微理解屡屡令我叹服,饱览群书的文杰则揪出了多个术语和人名的误译;原北京大学"吐槽社会学"读书小组成员、现散落在欧美国家的几位青年社会学家帮我攻克了翻译中遇到的几个让人头疼的难点;在斟酌汉语词汇时,我父亲给了不少宝贵的建议;我的学生樊嘉宁、李文、郭育松和刘林倩细致地录入和校对了书后的索引;本书的翻译也得到了国家社会科学基金项目(批准号:16BSH006)的支持。译文若有错漏、不当之处,还请读者批评指正,我的联系方式是 wsrbooks@foxmail.com。

吴肃然
2018 年 5 月 5 日于哈尔滨